Schlüsseltexte der Psychologie

Herausgegeben von
H. E. Lück, Hagen, Deutschland

Dem Lebenswerk und den Originalschriften der „großen Psychologen" wie Freud, Jung, Watson oder Festinger wird im Psychologiestudium und in der akademischen Psychologie wenig Aufmerksamkeit zuteil. Ziel dieser Reihe ist die Auswahl, Aufbereitung und Kommentierung klassischer Lektüre in einer Form, die für Studierende und Psychologie-Interessierte verständlich und anregend ist. Die Konfrontation mit diesem klassischen Lesestoff und die Beschäftigung mit der Geschichte des eigenen Faches soll neue Perspektiven eröffnen und den Lesern einen breiteren Zugang zur Psychologie ermöglichen.

Herausgegeben von
Helmut E. Lück
FernUniversität in Hagen, Deutschland

Georg Eckardt (Hrsg.)

Entwicklungs- und Pädagogische Psychologie

Zentrale Schriften und Persönlichkeiten

Herausgeber
Georg Eckardt
Jena-Isserstedt, Deutschland

ISBN 978-3-531-16882-1   ISBN 978-3-531-93428-0 (eBook)
DOI 10.1007/978-3-531-93428-0

Die Deutsche Nationalbibliothek verzeichnet diese Publikation in der Deutschen National-bibliografie; detaillierte bibliografische Daten sind im Internet über http://dnb.d-nb.de abrufbar.

Springer VS
© Springer Fachmedien Wiesbaden 2013
Das Werk einschließlich aller seiner Teile ist urheberrechtlich geschützt. Jede Verwertung, die nicht ausdrücklich vom Urheberrechtsgesetz zugelassen ist, bedarf der vorherigen Zustimmung des Verlags. Das gilt insbesondere für Vervielfältigungen, Bearbeitungen, Übersetzungen, Mikroverfilmungen und die Einspeicherung und Verarbeitung in elektronischen Systemen.

Die Wiedergabe von Gebrauchsnamen, Handelsnamen, Warenbezeichnungen usw. in diesem Werk berechtigt auch ohne besondere Kennzeichnung nicht zu der Annahme, dass solche Namen im Sinne der Warenzeichen- und Markenschutz-Gesetzgebung als frei zu betrachten wären und daher von jedermann benutzt werden dürften.

Gedruckt auf säurefreiem und chlorfrei gebleichtem Papier

Springer VS ist eine Marke von Springer DE. Springer DE ist Teil der Fachverlagsgruppe Springer Science+Business Media
www.springer-vs.de

Inhalt

Vorwort 9

I Entwicklungspsychologisch relevante Reflexionen vor der Begründung einer wissenschaftlichen Psychologie
1 Entwicklungs- und pädagogisch-psychologische Themen in der griechischen Antike (Platon) 15
2 Frühchristliche Bezugnahmen auf das Kind (Tertullian) 18
3 Empiristische Erkenntnistheorie und Erziehungsvorschläge (J. Locke) 19
4 Die Polarisation von Natur und Kultur und der Eigenwert der Kindheit (J. J. Rousseau) 22
5 Anthropologie der Aufklärung: ›Perfektibilität‹ als Entwicklungsziel (J. N. Tetens) 24
6 Die ›Naturgeschichte‹ als Bezugsrahmen menschlicher Entwicklung. Tier-Mensch-Vergleiche (J. G. Herder) 26
7 Erfahrungsseelenkunde: Beiträge zu einer ›Charakteristik der Lebensalter‹ (D. Tiedemann und andere) 28
8 Das darwinistische Evolutionskonzept als Impulsgeber für entwicklungspsychologische Studien, ihre methodische Realisierung und theoretische Orientierung (Ch. Darwin, E. Haeckel, G. St. Hall) 33

II Entwicklungspsychologie als wissenschaftliche Teildisziplin
9 Das ›Eröffnungswerk moderner Kinderpsychologie‹ (W. Th. Preyer) 37
10 Funktionsspezifische kinderpsychologische Studien in der Zeit nach Preyer 42

11 Die Frage nach den Determinanten
   der psychischen Entwicklung des Kindes (W. Stern)   50
12 Von der Untersuchung der kindlichen Entwicklung
   kognitiver Funktionen zur Intelligenzdiagnostik (A. Binet)   52
13 Die psychologische Erschließung des Jugendalters (Ch. Bühler) . .   54
14 Die Etablierung eines ganzheitlichen Entwicklungsmodells
   (H. Werner)   57
15 Die Thematisierung der Sexualentwicklung
   des Kindes in der Psychoanalyse (S. Freud)   60
16 Die Rolle der ›Minderwertigkeitsgefühle‹ und ihre ›Kompensation‹
   in der Persönlichkeitsentwicklung (A. Adler)   63
17 Der Zusammenhang von kognitiven Strukturen
   und Handlungskompetenzen (J. Piaget)   71
18 Das Kind als Subjekt seiner eigenen Entwicklung
   (L. S. Wygotski)   80
19 Die ökologische Orientierung
   der Entwicklungspsychologie (U. Bronfenbrenner)   83
20 Das Selbstverständnis der Entwicklungspsychologie
   in neuerer Zeit (R. K. Silbereisen, M. Rutter, R. D. Parke)   86

III Die Pädagogische Psychologie und ihre Bezugssysteme
21 Erwartungen der Pädagogik an die junge
   Experimentalpsychologie (W. Rein)   93
22 Pädagogische Psychologie als ›Experimentelle Pädagogik‹
   (E. Meumann)   94
23 Das erziehungsorientierte Programm
   einer Pädagogischen Psychologie (A. Fischer)   97
24 Die thematische und methodische Bereicherung
   der Pädagogischen Psychologie durch die Sozialpsychologie
   (K. Lewin) 100
25 Behavioristische Lerntheorien und programmierter
   Unterricht (B. F. Skinner) 104
26 Pädagogische Psychologie und Wertorientierungen
   (R. und A. Tausch) 112

27 Pädagogische Psychologie und Erziehungswissenschaft
(F. E. Weinert vs. W. Klafki) 114
28 Das Selbstverständnis der Pädagogischen Psychologie
in der jüngeren Vergangenheit und Gegenwart (F. E. Weinert,
S. Preiser, Th. Städter) 118

Literaturverzeichnis 123

Vorwort

Mit der vorliegenden Sammlung von Texten aus der Geschichte der Entwicklungspsychologie und der Pädagogischen Psychologie wird der Versuch unternommen, ein vermeintliches, vielleicht auch reales Dilemma aufzulösen. Auf der einen Seite habe ich immer wieder die Erfahrung gemacht, dass Studierende, Lehrende, Forschende sowie in diversen Praxisbereichen tätige Fachleute auf dem Gebiet der Psychologie durchaus das Bedürfnis haben, etwas über die Geschichte ihres Faches zu wissen. Auf der anderen Seite steht außer Frage, dass der Zeitfonds des genannten Personenkreises meist außerordentlich begrenzt ist. Die Studienpläne sind überfrachtet; die Lehrbelastung ist erdrückend; Antragstellung und Realisierung von Forschungsprojekten sind zeitaufwändig; die in den Berufsalltag eingespannten ›Praktiker‹ sind Überbeanspruchungen ausgesetzt. Unter diesen Umständen verbleibt für die Lektüre ›dicker Wälzer‹, noch dazu aus längst vergangenen Jahrhunderten, weder Zeit noch Muße. Um dem skizzierten Spannungsverhältnis (›Dilemma‹) zwischen Bedürfnis nach fachhistorischem Wissen und Zeitmangel gerecht zu werden, bietet es sich vielleicht an, eine auf einen verträglichen Umfang reduzierte Quellensammlung mit kurzen Einleitungen zusammen zu stellen. In diesem Sinne liegt dem Buch die Intention zugrunde, bei einem Minimum an Zeitaufwand ein Maximum an ›geistigem Gewinn‹ zu erzielen. Dabei wird es geboten sein, sich mit Wertungen zurückzuhalten und die Authentizität vergangener Entwürfe und Theorien zu wahren.

Zwei Bemerkungen zu editorischen Fragen seien vorausgeschickt: 1. zur Auswahl der Texte, 2. zur Anordnung der Texte und zur Gliederung in Texteinheiten.

Zu 1: Bei der Auswahl der Texte gingen wir zum einen aus vom wissenschafts- bzw. psychologiehistorischen Stellenwert (Innovationsgehalt, wirkungsgeschichtlicher Einfluss und ähnliches) des Autors bzw. seines Werkes, zum anderen von der Überlegung, ob und welche Anregungen oder Einsichten der heutige Leser/die heutige Leserin durch das Studium der Texte gewinnen könnte. In diesem Kontext ist etwas zu den möglichen bzw. erwünschten Adressaten des Buches zu sagen. Hauptsächlich sollen Studierende, Lehrende, Forschende und Praktiker auf den Gebieten der Psychologie und der Erziehungswissenschaft(en) angesprochen werden, unter diesen natürlich besonders diejenigen, die sich speziell mit Entwicklungspsychologie und/oder Pädagogischer Psychologie befassen. Lehramts-Studierende spielten bei den Überlegungen zur Auswahl und zu den Einleitungen der Texte eine große Rolle. Außer den ›Fachleuten‹ i.e.S. ist die Lektüre zu empfehlen für Vertreter der Nachbarwissenschaften der Psychologie, zudem für Wissenschaftshistoriker, Kulturhistoriker, Wissenschaftsjournalisten. In Ansehung dieses anvisierten Leserkreises spielten bei der Auswahl der Texte folgende Überlegungen eine Rolle:

- Die Literaturrecherchen waren von dem Bestreben geleitet, möglichst kurze, aussagekräftige und zugleich repräsentative Texte zu präsentieren. Bei längeren Texten wurden – wenn es inhaltlich vertretbar war – Kürzungen vorgenommen bzw. nebensächliche Passagen weggelassen.
- Die Anzahl der Texte wurde auf ein vertretbares Minimum reduziert. Selbstverständlich ist der ›Vorrat‹ an relevanten aufnehmenswerten Texten um ein Vielfaches größer als die relativ kleine Menge der letztlich aufgenommenen Texte. ›Objektive Kriterien‹ für die Auswahl zu benennen, dürfte schwierig sein. Sicherlich ließ sich der Herausgeber auch von eigenen Lehrerfahrungen leiten (Diplomstudiengang Psychologie, Magisterstudiengänge mit Nebenfach Psychologie, Lehramtsstudiengänge). Wie viel ›Subjektivität‹ in wissenschaftshistorischen Interpretationen im allgemeinen und in Selektionsverfahren im besonderen steckt, machte beispielsweise Michael Wertheimer, der vor mehr als 40 Jahren eine ›Kurze [!] Geschichte der Psychologie‹ geschrieben hatte, deutlich: »Nein, Geschichte ist nicht unabhängig vom Geschichtsschreiber. Welches Ereignis herausgestellt wird, welches erwähnt und welches nicht erwähnt wird, wie das Berichtete interpretiert wird – all das hängt von den Neigungen des Historikers ab. [...] Geschichte [ist], was die Auswahl des Stoffes und seine Interpretation betrifft, im Grunde eine Sache subjektiven Ermessens« (Wertheimer, 1971, 13 u. 15).

Zu 2: Die Anordnung der Texte orientiert sich im wesentlichen an der chronologischen Abfolge. Eine chronologische Reihung kann leicht den Eindruck erzeugen, dass die Wissenschaftsgeschichte als kontinuierlicher Prozess verläuft. Dieser Eindruck ist freilich trügerisch. Didaktische Gründe (einsichtsförderliche Funktion) lassen es dennoch gerechtfertigt erscheinen, das Bild eines allmählichen Reifens vorwissenschaftlicher und wissenschaftlicher Problemstellungen und -lösungen zu re-*konstruieren*. Eine weitere Frage ist, ab wann man von einer Geschichte der Entwicklungspsychologie bzw. der Pädagogischen Psychologie sprechen kann. Wollte man den Beginn der Geschichte mit einer einzelwissenschaftlichen Verselbständigung gleichsetzen und dann auch noch diesen Beginn punktuell fixieren, könnte man für die Entwicklungspsychologie auf das Jahr 1882 (Preyers ›Die Seele des Kindes‹) und für die Pädagogische Psychologie auf das Jahr 1899 (Begründung der ›Zeitschrift für Pädagogische Psychologie‹ durch J. Kemsies) rekurrieren. Indes würde eine enge Fixierung auf Jahreszahlen auf eine verkürzte, letztlich ›unhistorische‹ Perspektive hinauslaufen. Eine erweiterte Perspektive trägt dagegen der Tatsache Rechnung, dass der Herausbildung einer Einzelwissenschaft in vielen Jahrhunderten geschaffene, ›geistige‹ Voraussetzungen zugrunde liegen. Mit anderen Worten: Die Vorgeschichte ist in die Geschichte einzubeziehen; sie macht die Geschichte erst verständlich. Im übrigen zeigt sich bei einem Rückgriff auf die Vorgeschichte nicht selten, wie ›modern‹ die in ihr thematisierten Fragestellungen sind.

Teil I ist aus den soeben genannten Gründen älteren (›vorwissenschaftlichen‹) Reflexionen zu entwicklungs- und pädagogisch-psychologischen Themen vorbehalten. Eine Unterscheidung entwicklungspsychologisch vs. pädagogisch-psychologisch ist für diesen Zeitraum unangemessen, da entwicklungspsychologisch relevante Aussagen in der Regel in den Kontext der Diskussion von Fragen der Erziehung bzw. der ›Erziehbarkeit‹ (Aufklärung) eingebunden sind.

Die im Teil II (Entwicklungspsychologie als wissenschaftliche Teildisziplin) enthaltenen Texte umfassen den vergleichsweise kurzen Zeitraum von 130 Jahren (1882–2011). Die Tatsache, dass die Psychologie der ersten Hälfte des 20. Jahrhunderts stark durch diverse, sich häufig wechselseitig befehdende ›Schulen‹ geprägt war, schlägt sich auch in der vorliegenden Textsammlung nieder. Wir beschränken uns auf Texte von Begründern oder klassischen Repräsentanten der wichtigsten ›Schulen‹ (Texte 13–17). Aus Raumgründen wurde verzichtet auf Beiträge bedeutsamer Autoren, die aus diesen ›Schulen‹ hervorgegangen sind, diese auch zum Teil erheblich modifiziert oder reformiert haben. So wurden beispielsweise zwar Freud,

Piaget und Wygotski einbezogen, aber nicht Eriksson, Kohlberg und Leontjew. Es ist nicht zu bezweifeln, dass die letztgenannten Autoren vielfach weiterführende konzeptionelle Ansätze, thematische Ausweitungen oder auch Kritikpunkte in bezug auf die ›Klassiker‹ eingebracht haben.

Teil III enthält Texte zur Pädagogischen Psychologie, die in ihrer Anfangszeit (1. Drittel des 20. Jahrhunderts) im Wesentlichen auf den Problemkreis ›Erziehung‹ fokussiert waren. Mit fortschreitender Zeit erweiterte sie ihr Themenspektrum. ›Sozialisation‹, ›Familie‹, ›lebenslanges Lernen‹ seien als Stichworte genannt. Mit der Erweiterung der Forschungsinhalte war eine Verbreiterung und Intensivierung intra- und interdisziplinärer Beziehungen und Verflechtungen verbunden. Wechselseitige Einflüsse auf bzw. seitens Allgemeiner Psychologie, Entwicklungspsychologie und Persönlichkeitspsychologie auf intradisziplinärer Ebene sowie Erziehungswissenschaften, Soziologie und Philosophie auf interdisziplinärer Ebene bestimmen das Bild. Die vorliegenden Texte dienen dazu, einige der Bezugssysteme der Pädagogischen Psychologie kenntlich zu machen.

Es ist mir ein aufrichtiges Bedürfnis, abschließend denjenigen herzlich zu danken, die wesentlich am Zustandekommen des vorliegenden Buches beteiligt sind:

- Herrn Prof. em. Dr. H. E. Lück, der nicht nur als Gesamtherausgeber der ›Schlüsseltexte‹ mich zur Mitarbeit an dieser Reihe ermunterte, sondern auch zu inhaltlichen und editorischen Fragen wertvolle Hinweise gab,
- meiner Frau, Bärbel Eckardt, die sich am PC mit großer Geduld durch die z.T. handschriftlichen Vorlagen ›durchkämpfte‹, um ein verlagsfertiges Manuskript zu erstellen,
- meiner Enkeltochter, Isabell Roscher, die sich des mühsamen Scannens der Texte angenommen hat,
- Frau Eva Brechtel-Wahl, die mit Kompetenz und Engagement verlagsseitig das Projekt betreute.

I Entwicklungspsychologisch relevante Reflexionen vor der Begründung einer wissenschaftlichen Psychologie

1 Entwicklungs- und pädagogisch-psychologische Themen in der griechischen Antike (Platon)

Elementare Probleme, mit denen sich heutzutage Entwicklungspsychologen und/oder pädagogische Psychologen befassen oder die Hintergrund dieser Befassung sind, wurden bereits vor knapp 2 ½ Tausend Jahren auf einem teilweise beachtlichen Niveau gedanklicher Tiefe reflektiert. Zu denken ist dabei etwa an die »drei Heroen griechischen Denkens« (Windelband, 1957, 84): Demokrit, Platon und Aristoteles. Wir beschränken uns für unsere Thematik auf Platon.

Platon lebte von 428/427 bis 348 v. Chr. Er gründete in Athen, im Hain Akademos, das, was man heute als Denkschule bezeichnen würde und nannte sie ›Akademie‹. Sein Lehrer war Sokrates, sein wahrscheinlich bedeutendster Schüler Aristoteles, der freilich in vielen Punkten nichtplatonische Positionen vertrat.

Aus dem umfangreichen Werk Platons sollen drei Texte vorgestellt werden, die für unsere Thematik relevant sind:

1. die Aufgabe der Erziehung,
2. die Bedeutung des kindlichen Spiels für die Persönlichkeitsentwicklung,
3. Formen und Voraussetzungen der Wissensvermittlung.

Ad. 1: Für Platon besteht die Aufgabe der Erziehung darin, die im Kind angelegten Entwicklungsmöglichkeiten (Dispositionen) zur Entfaltung zu bringen.

»Unterweisung ist die Kunst der Umlenkung, auf welche Weise wohl am leichtesten und wirksamsten dieses Vermögen [= angeborene Dispositionen, G. E.] kann umgewendet werden, nicht die Kunst, ihm [= dem Kinde, G. E.] das Sehen erst einzubilden, sondern als ob es dieses schon habe und nur nicht recht gestellt sei und nicht sehe, wohin es solle, dieses zu erleichtern« (Platon: Politeia 518 b).

Ad. 2: Das kindliche Spiel erfolgt spontan und hat Vorübungscharakter für künftige ›Ernsttätigkeiten‹. Deshalb soll der Erzieher geeignete Bedingungen für individualspezifische Spieltätigkeiten schaffen.

»Ich sage also und behaupte: Wer dereinst als Mann in irgend etwas Tüchtiges leisten soll, der muß sich schon von Kindheit an eben darauf einüben, indem er in Spiel und Ernst sich mit den einzelnen Sachen, die dazu gehören, beschäftigt. Zum Beispiel: einer, der späterhin ein guter Landwirt oder ein guter Baumeister werden soll, muß schon im Kinderspiel kleine Häuslein aufsetzen, und der andere ein Bäuerlein sein; dazu muß jedem sein Erzieher ein kleines Handwerkszeug herbeischaffen, das dem rechten nachgemacht ist. Namentlich aber muß sich jeder auch alle notwendigen Vorkenntnisse schon im voraus aneignen. Ein künftiger Architekt z. B. muß mit Maß und Richtschnur umgehen lernen, ein künftiger guter Soldat muß reiten oder sonst etwas der Art, alles im Spiel. So muß man versuchen, schon durch ihre Kindereien den Vergnügungen und Wünschen der Kinder die Richtung auf ein Ziel zu geben, an welchem angelangt sie ihren letzten Zweck erreicht haben. Als Hauptstück der Erziehung bezeichnen wir demnach die rechte Angewöhnung, welche die Seele des spielenden Kindes vorzugsweise zu einer Neigung für denjenigen Gegenstand hinleitet, wodurch es, wenn es einmal ein Mann geworden, die vollständige Meisterschaft in seinem Geschäft erlangt. Seht also, ob ihr wenigstens dem, was ich bis dahin gesagt, euren Beifall schenket!« (Platon: Nomoi, 643 b–d).

Ad. 3: Anknüpfend an die Legende von dem Gott Theuth, der die ›Buchstaben‹ (Schrift) erfunden haben soll, diskutiert Platon die Vor- und Nachteile schriftlicher vs. mündlich-dialogischer Wissensvermittlung. Schriftliche Wissensvermittlung habe zwar den Vorteil, dass viele Informationen von vielen Rezipienten gespeichert werden können, sei aber dem Einbringen eigener Aktivitäten des Lesers abträglich. Der mündliche Dialog mit seinem Wechselspiel von Frage und Antwort biete eher die Gewähr dafür, dass Einsicht erzeugt werde und echtes Problemverständnis entsteht. Am wichtigsten sei die personale Komponente der Wissensvermittlung. Die auch heutzutage vielfach anzutreffenden Abwertungen des Nutzens einer sog. ›Bücherweisheit‹ scheinen hier einen ihrer Ursprünge zu haben.

»Theuth, du Meister der Künste: einer hat die Fähigkeit, die Produkte der Kunst herzustellen, ein anderer aber kann beurteilen, in welchem Maße sie Schaden bringen und Nutzen für die, die damit umgehen sollen. Und jetzt hast du, weil du der Vater bist der Buchstaben, aus Zuneigung das Gegenteil von dem gesagt, was ihre Wirkung ist. Denn diese Erfindung wird in den Seelen derer, die sie erlernen, Vergeßlichkeit bewirken, weil sie ihr Gedächtnis nicht mehr üben; denn im Vertrauen auf Geschriebenes lassen sie sich von außen erinnern durch fremde Zeichen, nicht von innen heraus durch sich selbst. Also hast du ein Mittel nicht für das Gedächtnis, sondern eines für die Erinnerung gefunden. Was aber das Wissen angeht, so verschaffst du den Schülern nur den Schein davon, nicht wirkliches Wissen. Denn da sie durch deine Erfindung vieles hören ohne mündliche Unterweisung, werden sie sich einbilden, vieles zu verstehen, wo sie doch gewöhnlich nichts verstehen, und der Umgang mit ihnen ist schwierig, da sie überzeugt sind, klug zu sein, es aber nicht sind« (Platon: Phaidros, 274e–275b).

2 Frühchristliche Bezugnahmen auf das Kind (Tertullian)

Ein wesentliches Merkmal des spätantiken und mittelalterlichen christlichen Denkens ist seine starke Bezogenheit auf das Jenseits. In diesem Kontext steht auch die Stellung zum Kind und seiner Entwicklung. So interessiert sich beispielsweise der aus Karthago stammende Kirchenvater Tertullian (um 160 – um 220) für das Kind in erster Linie, um festzustellen, ab welchem Alter es für religiöse Dinge empfänglich ist (»... Christum zu kennen« als Voraussetzung für die Taufe) und ab welchem Alter es sündig werden kann. Um darüber Aussagen machen zu können, beruft er sich auf Alltagserfahrungen.

»Und so ist denn je nach dem Zustand einer Person, nach ihrer Disposition und nach ihrem Alter ein Hinausschieben der Taufe ersprießlicher, vornehmlich aber hinsichtlich der Kinder. ... Sie [die Kinder] sollen demnach auch kommen, wenn sie herangewachsen sind; sie sollen kommen, wenn sie darüber belehrt sind, wohin sie gehen sollen; sie mögen Christen werden, so bald sie im Stande sind, Christum zu kennen. Aus welchem Grunde hat das Alter der Unschuld es so eilig mit der Nachlassung der Sünden?« (Tertullian: De baptismo. Übersetzung: O. Bardenhewer, 1912).

3 Empiristische Erkenntnistheorie und Erziehungsvorschläge (J. Locke)

John Locke (1632–1704) war Begründer und wirkungsstarker Protagonist der englischen Aufklärungsphilosophie. Seine ›Abhandlung über den menschlichen Verstand‹ (›An Essay concering human understanding‹, 1689/90) ist das Standardwerk einer empiristisch-sensualistischen Erkenntnistheorie. Einige Jahre lang war Locke als Erzieher tätig. Seine Abhandlung ›Einige Gedanken über Erziehung‹ (›Some Thoughts on Education‹, 1693) war eine sog. ›Gelegenheitsschrift‹: Locke wollte seinem Freund, dem Parlamentsmitglied Edward of Shipley, einige praktische Ratschläge geben, wie dessen Sohn zu erziehen ist, um aus ihm einen gentleman werden zu lassen, der den zeitgenössischen Erwartungen und Verhaltensnormen entspricht.

Vom Kind ist bei Locke in zwei unterschiedlichen Kontexten die Rede: einem philosophisch-erkenntnistheoretischen und einem praktisch-pädagogischen. Zum einen wird auf das Kind – wie auch auf Geistesschwache und sog. ›Primitive‹ (›Naturmenschen‹) – Bezug genommen im Zusammenhang mit der Zurückweisung der rationalistischen Annahme eines erfahrungsunabhängigen primären Intellekts im Sinne ›angeborener Ideen‹ (Descartes). Zum anderen werden von diesem empiristischen Hintergrund her Erziehungsvorschläge gegeben, die sowohl auf die individuelle Erreichung zeitgenössischer Zivilisationsideale gerichtet sind als auch dem differenziellen Fähigkeitspotential der Heranwachsenden gerecht werden.

Der Ausgangspunkt Lockes für (entwicklungs-)psychologische Reflexionen sind Fragen der Erziehung. Der Weg von der Pädagogik zur Psychologie erfolgt in drei Schritten:

1. Locke konstatiert die fundamentale Bedeutung der Erziehung für die Persönlichkeitsbildung.

2. Wegen dieser fundamentalen Bedeutung sind die geeignetsten Erziehungsmethoden anzuwenden, insbesondere sind die unterschiedlichen Persönlichkeitsdispositionen der Heranwachsenden zu beachten.
3. Um die unterschiedlichen Persönlichkeitsdispositionen beachten zu können, sind durch Beobachtung gewonnene differentiell-psychologische Kentnisse über die Heranwachsenden erforderlich.

Die Schrittfolge soll in Originalzitaten rekonstruiert werden:

»Ich darf wohl sagen, daß von zehn Menschen, denen wir begegnen, neun das, was sie sind, gut oder böse, nützlich oder unnütz, durch ihre Erziehung sind. Sie ist es, welche die großen Unterschiede unter den Menschen schafft. Die kleinen oder nahezu unmerklichen Eindrücke auf unsere zarte Kindheit haben sehr bedeutende und dauernde Folgen: es ist wie mit den Quellen mancher Flüsse, wo ein behutsames Anlegen der Hand die lenksamen Wasser in Kanäle leitet, die ihnen einen ganz andersgerichteten Lauf geben; durch diese Leitung, die ihnen gleich zu Anfang an der Quelle gegeben wird, streben sie in verschiedene Richtungen und gelangen endlich zu sehr entfernten und auseinanderliegenden Orten« (Locke, 2000 [1690], 7).

»Bei dieser Methode werden wir sehen, ob das, was man von dem Kind verlangt, seinen Fähigkeiten angepaßt und seiner natürlichen Anlage und Konstitution überhaupt gemäß ist; denn auch das muß bei einer rechten Erziehung bedacht werden. Wir können nicht hoffen, die Grundlage des Charakters völlig zu ändern, den Fröhlichen nachdenklich und ernst oder den Schwermütigen lustig zu machen, ohne ihn zu verderben. Gott hat den Gemütern der Menschen bestimmte Charakterzüge aufgeprägt, die wie ihre Körpergestalt vielleicht ein wenig gebessert, aber schwerlich vollkommen geändert und in das Gegenteil umgebildet werden können« (Locke, a. a. O., 60).

»Wer also mit Kindern zu hat, sollte ihre Natur und ihre Fähigkeiten wohl studieren und durch häufige Versuche zu erkennen suchen, in welche Richtung sie von sich aus streben und was ihnen gemäß ist; er sollte beobachten, welche Veranlagung sie haben, wie man sie fördern kann und wofür sie geeignet ist; er sollte in Betracht ziehen, was ihnen mangelt, ob sie fähig sind, es durch Fleiß zu erreichen und durch Übung sich anzueignen, und ob es sich lohnt, sich darum zu bemühen. [...] Beginne daher beizeiten, die Wesensart deines Sohnes genau zu beobachten, und zwar völlig zwanglos beim Spiel und wenn er dich weit weg glaubt. Suche zu erkennen, was seine vorherrschenden Leidenschaften und seine überwiegenden Neigungen sind, ob er wild oder sanft, kühn oder schüchtern, mitleidig oder grausam, offen oder verschlossen usw. ist. Denn so wie diese seine Anlagen verschieden sind, müssen auch deine Methoden verschieden sein. [...] Wenn du sorgfältig den Charakter seines Geistes hier, in den ersten Szenen seines Lebens, betrachtest, wirst du später immer beurteilen können, welcher Richtung seine Gedanken zuneigen, und sogar, welchen Zielen er später beim Heranwachsen zustreben wird« (Locke, a. a. O., 60 f, 120 f).

4 Die Polarisation von Natur und Kultur und der Eigenwert der Kindheit (J.J. Rousseau)

Jean Jacques Rousseau (1712-1778) führte ein unruhiges Wanderleben (›Bürger ohne Vaterland‹ [Spaemann, 1992]) und bestach in außerordentlicher Weise durch produktive Vielseitigkeit (Komponist, Erzieher, Schriftsteller, Philosoph, Sozial- und Staatstheoretiker). Das zentrale Thema, um das sein Denken und Wirken kreiste, war der sog. Urkonflikt von Kultur und Natur. In seinem Erziehungsroman ›Emile‹ (1762), der »ersten großen pädagogischen Demonstration des neuzeitlichen subjektivistischen Menschenverständnisses« (Ballauf & Schaller, 1970, II, 326), kritisiert er die Orientierung der Pädagogik seiner Zeit an konventionell-zivilisationsbezogenen Zielen und fordert als Alternative eine von der Natur des Kindes ausgehende Erziehung. Grundlage dieser Forderung ist die Auffassung, dass Kindheit nicht eine auf das Erwachsensein ausgerichtete Vorbereitungszeit sei, sondern einen vom Erwachsenenalter qualitativ unterscheidbaren ›Eigenwert‹ besitze. Die Idee vom ›Eigenwert‹ der Kindheit impliziert u. a.

1. die Kritik am damals vorherrschenden Bild vom Kinde und von kindlicher Entwicklung,
2. die qualitative Unterscheidung zwischen kindlichen und Erwachsenenformen psychischer Funktionsbereiche (Beispiel: Sprache),
3. methodische Konsequenzen: von Empathie geleitete Beobachtung.

»Man kennt die Kindheit nicht: mit den falschen Vorstellungen: die man von ihr hat, verirrt man sich um so mehr, je weiter man geht. Die Klügsten bedenken nur, was Erwachsene wissen müssen, aber nicht, was Kinder aufzunehmen imstande sind. Sie suchen immer nur den Mann im Kind, ohne daran zu denken, was er vor seinem Mannsein war. Gerade das habe ich am eingehendsten studiert« (Rousseau, 1995 [1762], 5).

»Alle unsere Sprachen sind Kunstwerke. Man hat lange geforscht, ob es eine natürliche und allen Menschen gemeinsame Sprache gäbe. Ohne Zweifel gibt es eine: die Kindersprache, ehe sie sprechen können. Diese Sprache ist nicht artikuliert, aber sie ist betont, klingend und verständlich. Durch den Gebrauch unserer Erwachsenensprache haben wir sie vernachlässigt und ganz vergessen. [...] Zahlreiche Erwägungen drängen sich dem auf, der sich mit der Bildung der Sprache und den ersten Äußerungen des Kindes beschäftigt. Was man auch macht, sie lernen immer auf die gleiche Weise sprechen, und alle philosophischen Grübeleien sind hier höchst unnütz. Anfangs haben sie, sozusagen, eine eigene Grammatik, in der die Satzlehre viel allgemeinere Regeln hat als unsere. Gäbe man genau acht, wäre man erstaunt über die Genauigkeit, mit der sie gewisse Analogien befolgen, sehr fehlerhafte zwar, wenn man will, aber sehr regelmäßige. [...] Die Natur will, dass Kinder Kinder sind, ehe sie Männer werden. Kehren wir diese Ordnung um, so erhalten wir frühreife Früchte, die weder reif noch schmackhaft sind und bald verfaulen: wir haben dann junge Gelehrte und alte Kinder. Die Kindheit hat eine eigene Art zu sehen, zu denken und zu fühlen, und nichts ist unvernünftiger, als ihr unsere Art unterschieben zu wollen« (Rousseau, a. a. O., 41, 48 f, 69).

»Was macht man also, um die Menschen richtig zu beobachten? Man muss sie kennen lernen wollen. Man muss unparteiisch sein, ein Herz haben, das empfindsam genug ist, um alle menschlichen Leidenschaften zu begreifen, und ruhig genug, um sie nicht zu erdulden« (Rousseau, a. a. O., 250).

5 Anthropologie der Aufklärung: ›Perfektibilität‹ als Entwicklungsziel (J. N. Tetens)

Johann Nicolaus Tetens (1736–1807), Protagonist eines für die Aufklärung typischen anthropologischen Optimismus, diskutiert in seinen ›Philosophischen Versuchen über die menschliche Natur und ihre Entwickelung‹ (1777), ob bzw. wie der Mensch ›Perfektibilität‹ erlangen könne. Das Mittel zur Annäherung an ›Perfektibilität‹ sei ›Selbsttätigkeit‹ über die gesamte Lebensspanne hinweg. Entwicklung wird verstanden als ein den Gesamtlebenslauf umspannender Prozess. Insofern ist es berechtigt, Tetens als einen Vorläufer der life-span-development-Konzeption der Psychologie zu bezeichnen (vgl. Baltes, 1983).

Im Zusammenhang mit dieser Thematik erörtert Tetens auch die Möglichkeiten und Grenzen, die dem Menschen bei seinem Streben nach ›Perfektibilität‹ im Alter gegeben bzw. gesetzt sind – eine gerontopsychologische Fragestellung. Auf der einen Seite seien die ›Grenzen‹ durch geistige Aktivitäten durchaus nach hinten verschiebbar (lebenslanges Lernen!), auf der anderen müsse man aber das ›Abnehmen der Seelenvermögen‹ im Alter als natürlichen Prozess in Rechnung stellen.

„Sollte aber die Grenze, wo das non plus ultra der menschlichen Vermögen ist, nicht durch gewisse Mittel weiter hinausgerückt werden können?"

Man führe die Phantasie auf neue Gegenstände, die so wenig Beziehung auf die ihr schon geläufigen haben, als es seyn kann; man lerne neue Sprachen um das Gedächtniß zu schärfen, und studire neue Wissenschaften für den Verstand: allerdings läßt sich auf diese Art etwas ausrichten. Hat man auf die einzelnen Fälle Acht, die man bey solchen Leuten antrift, welche noch in einem ziemlichen Alter manche ihnen neue Kenntnisse sich erwerben und auch Sprachen erlernen: so zeiget sich, daß sie zum mindesten ihre Kräfte länger in ihrer größten Thätigkeit erhalten, und auch wohl wirklich etwas weiter hinaufbringen, als es sonsten geschehen wäre.

Die Entwickelung der Kräfte kann nicht ins Unendliche gehen. Das Moment des Stillstehens rückt heran; und der Grund davon liegt in der Natur der körperlichen Werkzeuge. Je mehr die Fasern des Gehirns schon gestärket sind, desto fester, härter, unbiegsamer und desto ungeschickter, neue Eindrücke anzunehmen, müssen sie werden.

(Tetens, 1777, II, 719 f.).

6 Die ›Naturgeschichte‹ als Bezugsrahmen menschlicher Entwicklung. Tier-Mensch-Vergleiche (J. G. Herder)

Johann Gottfried Herder (1744–1803) versteht Anthropologie als Teil der Naturgeschichte. Aus dieser Perspektive liegen Vergleiche zwischen Tier und Mensch nahe. Dabei ergeben sich Gemeinsamkeiten und Unterschiede. Gemeinsam sei, dass sowohl das Tier als auch der Mensch über Instinkte verfügen. Verschieden sei, dass die Natur nur den Menschen mit der Fähigkeit ausgestattet hat, Vernunft zu erwerben. Um diese Verschiedenheit gewissermaßen ›empirisch‹ nachzuweisen, vergleicht Herder die frühen postnatalen Entwicklungsgänge von Tier und Mensch: Das Tier ist bei der Geburt relativ weit entwickelt, das menschliche Kind dagegen »kommt schwächer auf die Welt«. Dieser relativ unfestgelegte Reifestatus des menschlichen Neugeborenen betrachtet Herder als Voraussetzung für die zur ›Vernunft‹ führenden Lernprozesse. Mit anderen Worten: Vernunft ist keine angeborene Eigenschaft.

»Man spricht sichs einander nach, daß der Mensch ohne Instinkt sei und daß dies Instinktlose Wesen den Charakter seines Geschlechts ausmache; er hat alle Instinkte, die ein Erdetier um ihn besitzet; nur er hat sie alle, seiner Organisation nach, zu einem feinern Verhältnis gemildert. Das Kind im Mutterleibe scheint alle Zustände durchgehen zu müssen, die einem Erdegeschöpf zukommen können. Es schwimmt im Wasser: es liegt mit offnem Munde: sein Kiefer ist groß, eh eine Lippe ihn bedecken kann, die sich nur spät bildet; so bald es auf die Welt kommt, schnappt es nach Luft und Saugen ist seine ungelernte erste Verrichtung. [...] Also sind dem Menschen die Triebe nicht sowohl geraubt als bei ihm unterdrückt und unter die Herrschaft der Nerven und der feinern Sinne geordnet. [...] Und wie werden sie unterdrückt? wie bringt die Natur sie unter die Herrschaft der Nerven? Lasset uns ihren Gang von Kindbett auf betrachten; er zeiget uns das, was man oft so töricht, als menschliche Schwachheit bejammert hat, von einer ganz andern Seite. Das menschliche Kind kommt schwächer auf die Welt als keins der Tiere: offenbar weil es zu einer Proportion gebildet ist, die in Mutterleibe nicht ausgebildet werden konnte. [...] Der Mensch allein bleibt lange schwach: denn sein Gliederbau ist, wenn ich so sagen darf, dem Haupt zu erschaffen worden, das übermäßig groß in Mutterleibe zuerst ausgebildet ward und also auf die Welt tritt. [...] Das schwache Kind ist also, wenn man will ein Invalide seiner obern Kräfte und die Natur bildet diese unablässig und am frühesten weiter. Ehe das Kind gehen lernt, lernt es sehen, hören, greifen und die feinste Mechanik und Messkunst dieser Sinne üben. Es übt sie so Instinktmäßig als das Tier; nur auf eine feinere Weise. [...] Er [der Mensch, G. E.] mußte, wie es jetzt ist, schwach auf die Welt kommen, um Vernunft zu lernen. Von Kindheit auf lernet er diese und wird wie zum künstlichen Gange, so auch zu ihr, zur Freiheit und menschlichen Sprache durch Kunst gebildet. [...] Hieraus erhellet, was menschliche Vernunft sei: ein Name, der in den neuern Schriften so oft als ein angebornes Automat gebraucht wird und als solches nichts als Mißdeutung giebet. Theoretisch und praktisch ist Vernunft nichts als etwas Vernommenes, eine gelernte Proportion und Richtung der Ideen und Kräfte, zu welcher der Mensch nach seiner Organisation und Lebensweise gebildet worden. [...] Sie ist ihm nicht angeboren; sondern er hat sie erlangt. [...] Indessen ist und bleibt er seiner hohen Verstandesbestimmung nach was kein anderes Erdengeschöpf ist, ein Göttersohn, ein König der Erde. Um die Hoheit dieser Bestimmung zu fühlen, lasset uns bedenken, was in den großen Gaben Vernunft und Freiheit liegt und wieviel die Natur gleichsam wagte, da sie die selbe einer so schwachen vielfachgemischten Erdorganisation, als der Mensch ist, anvertraute. Das Tier ist nur ein gebückter Sklave. [...] Der Mensch ist der erste Freigelassene der Schöpfung« (Herder, 1989 [1784–1791], Bd. 6, 142–146).

7 Erfahrungsseelenkunde: Beiträge zu einer ›Charakteristik der Lebensalter‹ (D. Tiedemann und andere)

Die Ideale der Aufklärung bildeten einen günstigen Nährboden für die literarische Beschäftigung mit dem Thema ›Kind, Jugend, Entwicklung‹. K. Ph. Moritz (1756–1793) gab das ›Magazin zur Erfahrungsseelenkunde‹ (1783–1793) heraus und schrieb den biographischen Roman ›Anton Reiser‹ (1785–1790). Eine konkrete Vorstellung von dem breiten Spektrum einschlägiger Publikationen vermittelt der für den Zeitraum 1785–1800 33 Titel umfassende Überblicksartikel ›Charakteristik der Lebensalter‹ in dem seinerzeitigen bibliographischen Standardwerk ›Allgemeine Literatur-Zeitung‹ (ALZ, Ergänzungsband 3, 1803).

Mit der Vorform einer kasuistischen Längsschnitt-Beobachtung haben wir es bei dem Aufsatz des Marburger Ordinarius für Philosophie und griechische Sprache, Dietrich Tiedemann (1748–1803), mit dem Titel »Beobachtungen über die Entwickelung der Seelenfähigkeiten bei Kindern« (1787, neu herausgegeben 1897 von Ch. Ufer) zu tun.

Die folgenden Auszüge betreffen Beobachtungen zur Sprach- und Denkentwicklung (rekonstruierte Altersangaben: G. E.):

1. Erste artikulierte Lautbildungen (0;7)
2. Verknüpfung von auditiven und optischen Sinnesleistungen; gedächtnisgestützte Benennung von Gegenständen (0;11)
3. Elementare Satzbildung (0;10)
4. Wechselwirkung von Sprach- und Fantasieentwicklung (1;2)
5. Bildung von Kausalattributionen (1;3).

1. »Nach mancherlei Übungen im Hervorbringen der Töne und nach einiger erworbenen Fertigkeit, die Sprachwerkzeuge zu verschiedenen Tönen

Num. 16.

REVISION DER LITERATUR
in den drey letzten Quinquennien des achtzehnten Jahrhunderts
in
ERGÄNZUNGSBLÄTTERN
Zur Allgemeinen Literatur-Zeitung diefes Zeitraums.

REVISION
der Bearbeitung
der Empirifchen Pfychologie
in den drey letzten Quinquennien
des achtzehnten Jahrhunderts.

(Fortfetzung von Nr. 15.)

2. Charakteriftik der Lebensalter.

Aufser den (noch immer nicht tief genug eingehenden und zu *fpät* anfangenden) *Beobachtungen der Kinder* von *Erziehern* und *Lehrern* und den dichterifchen *Darftellungen* hervorftechenderer Züge mancher *Lebensalter* haben wir zu den Zeichnungen der letztern auch die, einer pfychologifchern Einrichtung und zweckmäfsigern Vermehrung noch immer fehr bedürftigen, fogenannten *Tagebücher* zu rechnen. Dazu kommen dann die Beyträge zu der zufammenhängenden Gefchichte des innern Lebens oder zu *wiffenfchaftlichern* Beurtheilung der Natur jener innern Bildungsperioden, für welche der Ausdruck des *Alters* nur in Hinficht auf Wachsthum und Reife, nicht aber in Hinficht auf Zeit, pfychologifch paffend ift.

Man erinnert fich der jüngften interessanten *Preisfrage der Gefellschaft der Menschenbeobachter in Paris* „durch die *Beobachtung* eines oder mehrerer Kinder die Ordnung und Entwickelung der phyfifchen und moralifchen Vermögen zu beftimmen." Eben fo hatte fchon weit früher unfer *Campe* einen Preis, in Hinficht auf das Revifionswerk, für das befte *Tagebuch* über die ganze Gefchichte und Behandlung eines Kindes *von dem Augenblicke feiner Geburt an* ausgefetzet. Er felbft gab *einige Blicke in die Natur der jungen Kinderfeele* — in der *allgemeinen Revifion des gefammten Schul- und Erziehungswefens*, Th. 1. S. 13 — 70. Aufser Tiedemann's Beobachtungen eines Vaters über die Entwickelung der Seelenfähigkeiten bey Kindern (in den *hefsifchen Beyträgen zur Gelehrsamkeit und Kunft*, 1786. Bd. 2. St. 2. gehören hieher die *Fragmente eines Tagebuchs über die Entwickelung der körperlichen und* *geiftigen Fähigkeiten eines Kindes*, von *F. W. Sf. Diftervius* in dem braunfchweigifchen Journal 1789. St. 2. und 1790. St. 3. — *Manchart's Auszüge aus dem Tagebuch eines angehenden Erziehers* in feinem allgemeinen Repertorium der Pfychologie 1792. Bd. 1. S. 230 — 60. und Bd. 3. S. 167 — 222. waren nicht gründlich genug, um ganz brauchbar zu feyn. Ein *Tagebuch über die allmählich körperliche und geiftige Entwickelung eines Kindes,* nach *Campefcher* Methode, fand fich ebendafelbft Bd. 4. S. 269 — 296., und noch ein *Tagebuch über ein kleines Kind (ein Mädchen im zweyten Jahre)* von einem andern Beobachter a. a. O. im braunfchweigifchen Journale (gegen hatte) ebendafelbft Bd. 5. S. 225 — 54. — Not weiter hinauf ging *Solack Flaurs Jugendgefchichte*, von *C. F. Pockels* in dem *Moritzfchen Magazin* Bd. 5. S. 96 — 127. St. 3. S. 49 — 75.

Erinnerungen aus der früheften Kindheit ftellten die erften Bände des *Moritzifchen Magazins* zur E. S. K. auf. In der Revifion der Auffätze dafelbft (Bd. 3. S. 1 f.) legte *Moritz* einige feine Boerkungen nieder. In feinem pfychologifch Roman: *Anton Reifer*, hatte er ähnliche Beobachtungen vorgelegt. In jener Revifion machte er befonders auf die Frage aufmerkfam: ob jeder Menfch fich mehr der Farbe oder Geftalten aus feiner Kinafte zu erinnern pflege? *Erinnerungen aus der erften Jahren der Kindheit* kamen in dem *Moritzifchen Magazin*. S. 42 bis 46. vor (dafs die *unangenehmen* Vorfälle meift einen ftärkern Eindruck hinterlaffen, womit *fthren* in der angeführten Revifion S. 13. feine Bemerkungen verglich), und von *Ff. L. A. Sch . . .* in Speier ebenfalls. Bd. 4. St. 2. S. 61 — 73. (wo beyläufig, und nicht ohne Grund, gezweifelt wird, dafs die *vorwiegen*. Stimmung der Seelenkräfte des Kindes für eine Art von Gegenftänden *nicht urfprünglich* fey) die Beobachtung des *van Guens* über eine Erinnerung aus dem *zweyten* Lebensjahre Bd. 4. St. 2. S. 94 — 96. endlich von *K. St.* einige Bemerkungen, z. B. über das frühe Auffinden von Aehnlichkeiten zwifchen Sachen und Namen ebendafelbft Bd. 8. St. 1. S. 83 — 90.

Q und

und St. 2. S. 107—19. — Das Süsse in der Zurückerinnerung an unsere Jugendjahre suchte C. E. Pockels in der ersten Sammlung f. Fragmente, S. 105—107. zu erklären. — Ueber den zauberischen Reiz der ersten Jugendjahre hatte auch Abel in seiner Sammlung und Erklärung merkwürdiger Erscheinungen aus dem menschl. Leben Th. 1 u. 3. Bemerkungen aufgestellt.

Allgemeine Zeichnungen und Schilderungen jugendlicher Charaktere gab ebenfalls das Moritzische Magazin unter der Rubrik: Seelenzeichenkunde. In der Revision der ersten Bände (Bd. 4. S. 43 f.) rief Moriz wenigstens die Schullehrer, welche Conduitenlisten halten, zu Bemerkungen über die Entwicklung der Charaktere auf. Noch im dritten Bande gab ein beobachtender Lehrer, Seidel, eine Nebeneinanderstellung jugendlicher Charaktere (St. 1. S. 107—14, ferner Bd. 4. St. 1. S. 80—85. St. 3. S. 116—21.) mit einigen vorausgeschickten Bemerkungen über die Beobachtung derselben (Bd. 4 St. 1. S. 78—80.). — Auch J. D. Mauchart lieferte dort (Bd. 7. St. 3. S. 92—106.) Beyträge zur Zeichnung solcher Charaktere, so wie ein mit Z. bezeichneter (Bd. 8. St. 1. S. 109—12.). — Lebensalter verfuchte man insbesondere seine Geschwatzigkeit (f. Pockels Fragmente, Samml. 3. S. 117. 18.) und sein Kindischwerden (f. psychologische Predigtentwürfe, Bd. 2. Nr. 28.) zu erklären.

Doch man fing auch an, die Natur der verschiedenen Lebensalter in zusammenhängendem historischen Ueberflichten, zum Theil auch nach wissenschaftlichern Bestimmungen zu erforschen. Ein weniger, als es verdiente, bekanntgewordenes Programm von Greiff. Allgemeine Bemerkungen über die Natur, Bedürfnisse und Behandlungsart der Kinder nach den Stufen des Alters, Prenzlau 1790. enthielt schon mehrere nützliche Winke. — Villaume's Geschichte des Menschen 1788. S. 110 f., Adam's Naturgeschichte des Menschen, deutsch von Michaelis S. 251 f., Daigoux's Schilderung der Veränderungen des menschlichen Lebens, 1. Th. S. 51 f. Ch. F. Wünsch kosmologische Unterhaltungen für Freunde der Naturkenntnifs, Th. 2. S. 400. der zweyten Ausgabe, und Bh. Cp. Faust's Perioden des Lebens, Berlin 1794. 8. erwähnen wir nur beyläufig. — Die moralisch-pädagogische Vorlefung über einige merkwürdige Einrichtungen der menschlichen Natur in Entwicklung der fittlichen Anlagen von Schwarz (in Erh. Schmid's Philofophifchem Journal, 1794. Bd. 3. St. 2. S. 1—203.) benutzte schon weise die Kantifche Unterscheidung der drey Perioden in der Ausbildung des Menschen, die der blofsen (?) Sinnlichkeit, des Verstandes und der Vernunft, und enthielt einige gute Bemerkungen über die Entstehung des Selbstgefühls in der Jugend. — Die natürliche Geschichte des menschlichen Lebens, welche J. Ith in seinem Versuche seiner Anthropologie, Th. 2. S. 188—250. nach wer anthropologischen Perioden entwarf, stellte auserlefene und zerstreute Aeufserungen verschiedener Schriftsteller, mit eigner Auswahl und Beurtheilung in einer schicklichen Uebersicht zusammen. — Die Abh. unter dem

Titel: Begriff des Jünglings-Alters in dem Altenburger Pfychologischen Magazin 1796. H. 2. S. 102—109. H. 3. S. 10 f. verfuchte eine beffere pfychologifche Eintheilung der Hauptperioden, welche zugleich auf das weibliche Geschlecht pafsend war, und enthielt einige gute Bemerkungen. Auch verfuchte der Vf. die Perioden der Entwicklung und ihren Charakter durch Tabellen zu verfinnlichen. — Fr. Rochlitz Skizze vom Menschenleben nach dessen Hauptmomenten entworfen in dessen Erinnerungen zur Beförderung einer rechtmäfsigen Lebensklugheit Th. 2. S. 63—174. und Th. 3. S. 235—320. wurde vom Vf. selbst als ein anthropologifcher Verfuch angefehen, welcher einige, schon bemerkte, Haupterscheinungen aus des Vf. Beobachtungskreife auszeichnen follte. Mit Recht wollte auch er nicht nach Jahren streng abscheiden, sondern die gewöhnlichen Benennungen der Alter nur als von den gröfsten Theile abgezogen betrachten. Damit stand des Vfs. Schrift: Meine Freuden und Leiden als Jungfrau, Gattin und Mutter, 1798. Th. 2. in Verbindung. — Als die erste mehr wifsenfchaftliche Darstellung, wenigstens eines Theils der Naturkunde der Lebensalter, verdient der inhaltreiche Verfuch einer Jugendkunde von K. Weiller, München, 1800 ausgezeichnet zu werden. Unter Jugend verstand der Vf. den ganzen Zeitraum der menfchlichen Entwicklung von der Geburt des Menfchen, bis in die Periode der Mündigkeit. Er gab hier zunächft nur die allgemeine Jugendkunde, die besondere (theils Körper-, theils Seelen- Kunde d. J.) follte nachfolgen. Hätte der Vf. die Kantifche Eintheilung und Bezeichnung der allgemeinen Bildungsperioden nicht zu streng genommen, hätte er minder aus der Inneren nicht ganz zuverlässigen Geschichte als aus Selbstbeobachtungen der Kinder gefchöpft, hätte er sich nicht zu sehr auf das männliche Geschlecht eingeschränkt und die Wortfälle und Declamation gegen unächte Pädagogen mehr gespart, so würde fein Buch einen noch höhern classischen Werth behaupten, als es ihn in einiger Hinsicht gewifs schon jetzt erwarb. — Endlich kann hieher noch das Programm von E. Platner gerechnet werden: Observatio 7. medicinae Forensis: de venia aetatis. Aufser dem, dafs auch er die beftimmte Annahme des vierzehnten Jahres zur Vollendung der Verstandes Reife problematisch finden mufste, rechnete er zur Verstandes-Mündigkeit mehr als gewöhnlich — ein klarer erwarbtes Selbstbewufstseyn.

zu gebrauchen, fing er am 14. März an, absichtlich zu artikulieren und Töne nachzusprechen. Seine Mutter sprach ihm die Silbe m a vor; er sah scharf auf ihren Mund und versuchte die Silbe nachzusprechen. Auch bemerkte man, daß er, wenn er ein leicht auszusprechendes Wort hörte, die Lippen bewegte, um es leise nachzusprechen.«

2. »Am 24. Juli hörte er Enten schreien, ohne sie zu sehen, und sagte gleich Enten, obgleich er sie selten gesehen und gehört hatte. Hier war also schon das Geschrei der Enten geknüpft an das Bild des Vogels und das Bild an das Wort. Außer der Assoziation setzt dies Reflexion voraus, welche bemerkt, daß die beiden Eindrücke des Gehörs und Gesichts von einem Gegenstande herkommen und daher als zusammengehörig müssen vorgestellt werden. Die einmal assoziierten Vorstellungen verknüpften sich immer fester, so daß auch nach mehreren Monaten sie sich nicht wieder trennten. Am 26. desselben Monats sah er Kartoffeln, die er sonst gern gegessen, aber seit etlichen Monaten nicht gesehen hatte, und sprach sogleich Kartoffeln. Dadurch nun und durch die schon in größerer Menge erlernten Worte wurden nun die Vorstellungsreihen mehr von äußern Eindrücken unabhängig, und es zeigte sich, daß in dem kleinen Gehirn schon mehrere Vorstellungen aus eigener Kraft erweckt und in Reihen gestellt wurden.«

3. »Den 30. Juli endlich brachte er zum erstenmale vollständige, jedoch nur kurze Sätze hervor, z. B. da steht er, da liegt er.«

4. »Mit zunehmender Übung im Sprechen und der Erlernung mehrerer Worte wurden die Vorstellungen mehr und mehr der Willkür und dem Verlangen der Seele unterworfen, so daß mehrere und längere Reihen aus innerem Triebe konnten aufgeweckt und Gedankenreihen fortgesetzt werden. Hierdurch gewannen die mit den Vorstellungen sich weiter beschäftigenden und sie mehr ausarbeitenden Kräfte, Dichtkraft besonders, Übung. Am 29. Oktober nahm der Knabe mehrere abgeschnittende Stengel von weißem Kraute vor sich, ließ sie verschiedene Personen vorstellen und sich einander besuchen. Ohne äußern Anlaß wurden hier die Vorstellungen von sich besuchenden Personen aufgerufen und diese Bilder auf die Kohlstengel über-

tragen, so daß diese jene vorstellten. Der erste Anfang der Dichtkraft scheint also der zu sein, daß bekannte Bilder auf fremde Gegenstände übertragen werden. Zu gleicher Zeit liegt hierin eine willkürlich und selbstgemachte Ideenassoziation, der erste Grund aller Sprache, aller Kunst, durch Zeichen sich verständlich zu machen.«

5. »Auch äußerte sich jetzt die Denkkraft und das Suchen nach einem befriedigenden Grunde. Des Morgens am 13. November sah der Knabe zum Fenster hinaus – und ward am Himmel eine helle Wolke gewahr; dabei fiel ihm ein vor mehreren Wochen gesehener Regenbogen ein; sogleich bildete sich das Urteil: Ich sehe einen Regenbogen. Verhältnis der Ähnlichkeit ist höchst wahrscheinlich erste Veranlassung zum Urteil, weil Ähnlichkeit abwesende Bilder hervorruft und dadurch Vergleichung des jetzt Empfundenen mit dem vormals Bekanntgewordenen veranlaßt. Als man ihm aber sagte, dies sei kein Regenbogen, erwiderte er sogleich: Der Regenbogen schläft jetzt. Aller Wahrscheinlichkeit nach wollte er damit sich bloß einen Grund angeben, warum dies jetzt kein Regenbogen sein könne; also ging die Denkkraft schon auf Findung der Gründe des Urteils aus. Zugleich liegt hier ferner ein deutlicher Beweis von dem tief in der menschlichen Natur liegenden Hang zum Anthropomorphismus vermöge dessen man sich das Äußere alles menschenähnlich vorstellt und alles Leblose belebt denkt« (Tiedemann, 1897 [1787], 23, 34 f, 35, 37 f, 38).

8 Das darwinistische Evolutionskonzept als Impulsgeber für entwicklungspsychologische Studien, ihre methodische Realisierung und theoretische Orientierung (Ch. Darwin, E. Haeckel, G. St. Hall)

Mit Darwin (1809–1882) gewinnt das Entwicklungsdenken eine neue Qualität: Entwicklung wird verstanden als gesetzmäßig ablaufender Prozess, bei dem höhere organismische Formen aus niedrigeren hervorgehen. Evolution schließt also Deszendenz (Abstammungslehre) ein. In seiner epochemachenden Schrift ›Die Entstehung der Arten‹ (1859) handelt Darwin sein Evolutionskonzept anhand der Entwicklungsstufen im Tierreich ab. Erst ganz am Schluss dieses Werkes deutet er vage die Möglichkeit einer Ausweitung auf die Menschwerdung (Anthropogenese) an.

»In einer fernen Zukunft sehe ich ein weites Feld für noch bedeutsamere Forschungen. Die Psychologie wird sich auf der von Herbert Spencer geschaffenen Grundlage weiterbauen: daß jedes geistige Vermögen und jede Fähigkeit nur allmählich und stufenweise erlangt werden kann. Licht wird auch fallen auf den Menschen und seine Geschichte« (Darwin, 1990 [1859], 537).

Zum evolutionsbiologischen Forschungsprogramm gehörten Vergleiche zwischen Stammesentwicklung (Phylogenese) und Individualentwicklung (Ontogenese). Es wurden Belege erbracht für die Annahme, dass in frühen Phasen der Embryogenese des Menschen Formen niederer Organismen auftreten. E. Haeckel (1834–1919) verallgemeinerte diese Befunde und formulierte das sog. biogenetische Gesetz, das besagt: Die Ontogenese ist die kurze und schnelle Rekapitulation der Phylogenese. Haeckel hielt es für prinzipiell legitim, den Gültigkeitsbereich dieses Gesetzes auf die psychische Individualentwicklung auszudehnen.

»... und wie dieser ganze ontogenetische Proceß [gemeint ist die Embryogenese, G. E.] nur eine kurze, durch Vererbung bedingte Wiederholung des selben Vorganges in der Phylogenese der Wirbeltiere ist, so hat sich die wunderbare Seelentätigkeit des Menschengeschlechts im Laufe vieler Jahrtausende stufenweise aus der unvollkommeneren Seelentätigkeit niederer Wirbeltiere Schritt für Schritt hervorgebildet, und die Seelen-Entwicklung jedes Kindes ist nur eine kurze Wiederholung jenes langen phylogenetischen Processes« (Haeckel, 1874, 706).

G. Stanley Hall (1844–1924), ein einflussreicher US-amerikanischer Psychologe der Gründerzeit, griff den Gedanken Haeckels auf und leitete per Analogie vom biogenetischen Gesetz das sog. psychogenetische Gesetz ab. Das psychogenetische Gesetz diente ihm als Erklärungsmuster für die Abfolge der psychischen Entwicklungsstufen des Menschen. Die diesem Gesetz entsprechende Annahme einer strengen biologischen Präformation der psychischen Entwicklung im Kindes- und Jugendalter verband er mit Implikationen für die Erziehung: Eltern und Erzieher sollten sich ›künstlicher‹ Eingriffe in die von der natürlichen Evolution vorgegebene Ordnung enthalten.

»Von der Auffassung ausgehend, dass Kind und Rasse sich wechselseitig erklären, plädiere ich für phylogenetische Herleitungen, die eine hohe Wahrscheinlichkeit besitzen. [...] Ich bin mir zwar der Grenzen und Beschränkungen der Rekapitulationstheorie auf biologischem Gebiet bewusst, befürworte aber nachdrücklich ihre psychogenetischen Anwendungen, die ihre eigene Methode haben. Obwohl die Zeit bisher noch nicht gekommen ist, für eine ausgereifte Ausarbeitung [dieser Methode, G. E.], will ich dennoch nach bestem Wissen versuchen, sie an einem Beispiel [= Jugendalter, G. E.] zu erläutern. Es ist sehr bedeutsam, künftig Kindheit/Jugend und Entwicklung der Rasse aufeinander zu beziehen. Die Überzeugung wird sich ausbreiten, dass wir nur auf diesem Wege hoffen können, geeignete Maßstäbe z. B. zur Beurteilung von Tendenzen zur Frühreife [...] und Kriterien für die Diagnose und Messung von Entwicklungshemmungen und -rückständen bei Individuen und Rasse aufzustellen« (Hall, 1904, vol.I, p.VIII, Übersetzung: G. E.)

II Entwicklungspsychologie als wissenschaftliche Teildisziplin

9 Das ›Eröffnungswerk moderner Kinderpsychologie‹ (W. Th. Preyer)

William Thierry Preyer (1841–1897) studierte Medizin und Naturwissenschaften und war schon früh ein begeisterter Anhänger des Darwinismus. 1869 wurde er auf den Lehrstuhl für Physiologie an der Universität Jena, einer ›Hochburg des Darwinismus‹, berufen. Zu dem ebenfalls in Jena tätigen Ernst Haeckel, der das sog. ›biogenetische Gesetz‹ formulierte, unterhielt er kollegial-freundschaftliche Beziehungen.

Das gewaltige Unternehmen, systematisch Beobachtungsdaten zur physischen und ›geistigen‹ Entwicklung seines 1877 geborenen Sohnes Axel über den Zeitraum der ersten drei Jahre zusammenzutragen und zur Monographie ›Die Seele des Kindes‹ (1882) zu verarbeiten, hat in erster Linie evolutionstheoretische Hintergründe. Mit diesem Buch schuf Preyer das »Eröffnungswerk der modernen Kinderpsychologie« (W. Stern. 1914). U. Bronfenbrenner (1985, 1) bezeichnet Preyer als »the de facto definer of a new research paradigm«.

Aus der ›Seele des Kindes‹ (1882) und aus einem Kongressreferat 1896 werden Auszüge zu folgenden Themenkreisen ausgewählt:

1. Systematische Dauerbeobachtung als Methode der Wahl
2. Exemplarische Demonstration ›Lichtempfindlichkeit‹
3. Theoretische Interpretationsversuche: Das ›psychogenetische Gesetz‹.

Ad 1:
»Gerade die chronologische Untersuchung der geistigen Fortschritte im ersten und zweiten Lebensjahre bietet grosse Schwierigkeiten dar wegen der täglichen Registrirung von Erfahrungen, welche nur in der Kinderstube gewonnen werden können. Ich habe jedoch ein Tagebuch durchgeführt von der Geburt meines Sohnes an bis zum Ende seines dritten Lebensjahres. Da

ich mit zwei unerheblichen Unterbrechungen fast täglich mindestens dreimal, Morgens, Mittags und Abends mich mit dem Kinde beschäftigte und es vor den üblichen Dressuren möglichst schützte, so fand ich auch fast täglich irgend eine psychogenetische Thatsache zu verzeichnen. Der wesentliche Inhalt dieses Diariums ist in das vorliegende Buch übergegangen. Zwar entwickelt sich ein Kind schnell, ein anderes langsam, die grössten individuellen Verschiedenheiten kommen sogar bei den Kindern derselben Eltern vor, aber diese Verschiedenheiten beziehen sich viel mehr auf die Zeiten und Grade, als auf die Reihenfolge des Auftretens der einzelnen Entwickelungsmomente. Und diese selbst sind bei allen die gleichen. [...] Mit einer Beschreibung des allmählichen Hervortretens der Gehirnthätigkeit beim Kinde, mit der sorgfältigsten Beobachtung seiner geistigen Vervollkommnung wäre aber nur ein Anfang gemacht. Die Seelen-Entwickelung muss, ebenso wie die Formen-Entwickelung weit über den Ursprung des individuellen Wesens hinaus zurückdatirt werden. Wenn das Neugeborene eine Reihe von Organen mit auf die Welt bringt, welche nach langer Zeit erst ihre Thätigkeiten beginnen und bis dahin völlig unnütz sind, wie z. B. die Lunge vor der Geburt es war, so kann man auf die Frage, welchen Ursachen solche Organe und Functionen ihr Dasein verdanken nur antworten: der Erblichkeit. [...] Vor Allem muss darüber Klarheit herrschen, dass die geistigen Grundfunctionen, welche erst nach der Geburt hervortreten, nicht erst nach der Geburt neu entstehen« (Preyer, 1989 [1882], S. V–VII).

Ad 2:
»Die Lichtempfindlichkeit meines 5 Minuten nach der Geburt in der Dämmerung gegen das Fenster gehaltenen Kindes schien nicht ungewöhnlich gross zu sein. Denn es machte die Augen auf und zu, abwechselnd das eine und das andere, so dass die Lidspalte sich bis etwa 5 Millimeter erweiterte. Bald darauf sah ich im Zwielicht beide Augen weit offen. Es wurde dabei die Stirn gerunzelt. Lange vor Ablauf des ersten Tages wurde der Gesichtsausdruck des mit dem Antlitz gegen das Fenster gewendeten Kindes plötzlich ein anderer, als ich mit der Hand seine Augen beschattete. Also machte das Dämmerlicht unzweifelhaft schon einen Eindruck und zwar, der Physiogno-

mie nach, einen angenehmen. Denn das beschattete Gesicht sah weniger befriedigt aus.

Am 2. Tage schliessen sich die Augen bei Annäherung der Kerzenflamme schnell, am 9. wird ausserdem der Kopf von der Flamme energisch abgewendet, wenn sie gleich nach dem Erwachen nahe gebracht worden. Die Augen werden fest zugekniffen. Als aber am darauffolgenden Tage dem im Bade befindlichen Kinde eine Kerzenflamme in einer Entfernung von 1 Meter vorgehalten wurde, blieben die Augen weit offen. Die Empfindlichkeit für Licht ist also beim Erwachen so viel grösser, als kurze Zeit nachher, dass dasselbe Object das eine Mal starke Unlust, das andere Mal Lust erregt. Auch am 11. Tage schien das Kind an der in ½ Meter Entfernung vor ihm brennenden Kerze grosses Vergnügen zu empfinden, da es unausgesetzt mit weit offenen Augen hinstarrte, wie auch nachher nach einem glänzenden Gardinenhalter, wenn nur das helle Object in seine Starrlinie gebracht wurde.

Wendete ich das Kind ab, so wurde es verdriesslich und schrie, wendete ich es wieder dem Lichte zu, dann nahm das Gesicht wieder den zufriedenen Ausdruck an. Zur Controle hielt ich an demselben (11.) Tage das Kind einmal gleich nach dem Erwachen, ein anderes Mal nachdem es wach im Dunkeln verweilt hatte, ebenso nahe vor die brennende Kerze. In beiden Fällen kniff es die Augen zu. Das erste Object, welches wegen seiner Farbe einen Eindruck machte, war wahrscheinlich ein rosafarbener Vorhang, welcher hell von der Sonne beleuchtet, doch nicht blendend hell, einen Fuss vor dem Gesichte des Kindes hing (am 23. Tage). Es gab fast lachend einige Laute des Wohlgefallens von sich, durch welche ich erst darauf aufmerksam wurde, dass der Vorhang ein Gegenstand des Vergnügens war. Da die glatte ruhende farbige Fläche allein das ganze Gesichtsfeld einnahm, musste sie entweder wegen ihrer Helligkeit oder ihrer Farbe die Quelle der Lust sein. Am Abend desselben Tages erregte die Kerzenflamme in 1 Meter Entfernung ganz ähnliche Lustäusserungen, als sie vor die in's Leere starrenden Augen gebracht worden war. Dass übrigens mässig helles Tageslicht gesucht wird, beweist das häufige Wenden des .Kopfes nach dem Fenster, wenn ich das Kind von demselben abwendete. Dieses Drehen des Kopfes trat am 6. Tage regelmässig ein; am 7. wiederholte es sich oftmals und jedesmal, wenn das Antlitz dem

Fenster zugewendet war, erhielt es unverkennbar den Ausdruck der Befriedigung. Die Beobachtung, dass Säuglinge, wenn Licht auf das Gesicht fällt, während sie schlafen, plötzlich die Augen fester zukneifen, ohne zu erwachen, habe ich wiederholt gemacht und zwar vom 10. Tage an.

Bei meinem Kinde fand ich die Pupillen im diffusen Tageslicht meist enger – jedenfalls unter zwei Millimeter im Durchmesser – als bei Erwachsenen und das Verkleinern der Lidspalte beim Anblick einer beleuchteten Schneefläche oder einer hellen Sommerwolke gleichfalls häufiger und anhaltender, als bei Erwachsenen während der ganzen Beobachtungszeit.

Hellglänzende Gegenstände bewirkten, wenn sie im Gesichtsfelde erschienen, vom 2. Monat an oft lautes Jubeln. Aber andere stark gefärbte Objecte erregten gleichfalls leicht die Aufmerksamkeit des Säuglings. Im 10. Monat freut er sich, wenn Abends die Lampe angezündet wird, lacht über das Licht und greift nach der hellen Glocke.

Von Beobachtungen Anderer über die Lichtempfindlichkeit menschlicher Neugeborener sind folgende hervorzuheben. In den ersten Stunden schon verengt sich die Pupille, wenn helles, erweitert sie sich, wenn weniger helles Licht einfällt. Wird das eine Auge des Neugeborenen geschlossen, während das andere offen bleibt, so erweitert sich die Pupille des letztern. Im Dunkeln schlafende 2- bis 4-tägige Säuglinge kneifen die Lider stark zusammen, erwachen sogar, wenn ein helles, Kerzenlicht den Augen sehr nahe kommt.

Diesen drei Angaben von Kussmaul (1859) fügt Genzmer (in seiner Inaugural-Abhandlung, Halle 1873) hinzu, dass die plötzlich von hellem Licht getroffenen Augen der Neugeborenen eine Convergenzbewegung machen und besonders empfindliche Säuglinge sogar durch plötzliche grelle Beleuchtung oder durch schnell wechselndes blendendes Licht zu allgemeiner Unruhe und zum Schreien gebracht werden, was ich bestätigen kann. Dagegen sah ich niemals, was doch behauptet wird (vielleicht von Blindgeborenen?), ein neugeborenes Kind blendend helles Licht mit offenen Augen ruhig ertragen.

Aus der Gesammtheit der vorliegenden Angaben folgt, dass normal beim reifen menschlichen Neugeborenen entweder unmittelbar oder wenige Minuten, höchstens Stunden nach der Geburt die Lichtempfindlichkeit vorhanden ist: Hell und Dunkel wird in der Empfindung unterschieden; ferner dass der Reflexbogen vom Sehnerven auf den Oculomotorius bereits fungirt;

hier liegt also ein angeborener Reflex vor und zwar ein beidseitiger, da beide Pupillen reagiren, wenn nur eine direct betroffen ist; sodann dass die Empfindlichkeit für Licht im Anfang nach dem Erwachen und einem Aufenthalt im Dunkeln bis zur Photophobie steigt, jedoch Dämmerlicht schon gesucht wird, also nicht Unlust bewirkt; endlich dass nach einigen Tagen diffuses Tageslicht, glänzende und stark gefärbte Objecte Heiterkeit erregen, die Lichtscheu schwindet und der Kopf dem Fenster zugewendet wird« (Preyer, 1989 [1882], 4–6).

Ad 3:
»Hat sich die Gesamtheit der Organismen morphologisch allmählich entwickelt, sei es im Sinne Darwin's mit Hilfe der Selection, sei es auf andere Weise, dann muss auch die Gesammtheit der an die Organismen gebundenen Geister, Seelen, Instincte, kurz alles Psychische sich zugleich mitentwickelt haben. Soviel steht fest. In dem Begriff der Entwicklung liegt aber immer die generelle und individuelle Entwicklung. Dass diese letztere eine abgekürzte und oft durch Anpassung wesentlich modificirte Wiederholung der Stammesentwicklung ist, wird für die Gestaltung der Organismen nicht mehr bezweifelt. Für die Psyche ist es nach meinen Beobachtungen an Kindern und jungen Thieren nicht minder gewiss. Daher die Psychologie des Kindes und die vergleichende Psychologie von der grössten Wichtigkeit für die Erkenntnis der ganzen psychischen Organisation des Menschen sein und bleiben wird. Die geistige Entwicklung des ganzen Menschengeschlechts findet sich abgekürzt wieder im Kinde« (Preyer, 1989 [1897], 87).

10 Funktionsspezifische kinderpsychologische Studien in der Zeit nach Preyer

Beispiel: Sprache (C. & W. Stern)

In nach – Preyerscher Zeit erschienen mehrere materialreiche Darstellungen zur Entwicklung spezieller psychischer Funktionsbereiche. Sprache, Spiel und ›Intelligenz‹ waren die bevorzugten Themen. Als klassisches Beispiel beziehen wir uns auf die von dem Ehepaar Clara und William Stern verfasste Monographie ›Die Kindersprache‹ (1907, 3. Aufl. 1922). Das ›Material‹, das sie dieser Monographie zugrunde legten, sind die mittels außerordentlich intensiver Beobachtung erstellten ›Sprachgeschichten‹ ihrer Kinder Hilde, Günter und Eva. Aus der ›Sprachgeschichte‹ der Tochter Hilde wählen wir den Alterszeitraum 1;6–1;8 aus.

»Wortschatz und Satzbildung des 1 Jahr 8 Monate alten Kindes.
I. Wortschatz
Nur zwei Monate sind seit der letzten Zusammenstellung verflossen; doch haben diese einen rapiden Fortschritt gebracht. Eine Registrierung des Verstandenen ist nicht mehr möglich, da das Kind so ziemlich alles, was in seinen Interessenkreis gehört, versteht.

Um den Status praesens vollständig zu geben, sind nicht nur die neuerworbenen Wörter genannt, sondern auch (in Klammern) die schon früher dagewesenen.

Die beherrschten Wortkategorien sind im wesentlichen noch immer die die drei: substantivische, verbale, interjektionale.

Die Substantiva bezeichnen durchweg Konkretes, doch sind die Gebiete des Lebens, denen sie angehören, schon sehr viel mannigfaltiger geworden. Ihre Zahl hat sich innerhalb zweier Monate mehr als verdreifacht (sie steigt von 23 auf 73).

Am meisten .charakteristisch ist aber für diese Phase das Anwachsen der Tätigkeitsbezeichnungen, die, vor zwei Monaten nur in vier Exemplaren existierend, jetzt, in fünffacher Zahl (21) vorhanden sind. Die Sprache des Kindes ist ins »Aktions«stadium getreten .

Dagegen zeigen die interjektionalen Ausdrücke nicht einmal Verdopplung (sie steigen von 17 auf 28); ihre Höhezeit ist bald überschritten.

Die Einteilung in Wortklassen geht übrigens oft genug nicht ohne Schwierigkeit oder gar Gewaltsamkeit ab; denn immer noch wohnt den Wörtern eine große Vieldeutigkeit inne. Ein und dasselbe Wort vertritt bald einen ganzen Satz, bald bezeichnet es ein Objekt, dann wieder die mit oder an dem Objekt auszuführende Tätigkeit, endlich nur einen affektmäßigen Ausruf. So kommt es, daß mehrere Wörter unter verschiedenen Kategorien zwei- oder dreimal genannt werden mussten. (Vgl. naße, ziepzieps, mamau, u. a.)

Zählt man diese mehrfach wiederkehrenden Worte nur einmal, so enthält der Wortschatz etwa 116 verschiedene Ausdrücke.

1. Substantiva.

a) Personen.
(Früher schon genannt: *papa, mama, hilde, betta.*)
Neuerwerbungen:
nante = Tante (1; 7½). { Zuerst wurden abgebildete Frauen so genannt, wohl, weil ihr die Photographie einer Tante mit diesem Wort gezeigt worden war.
kind (1; 7½). Ebenfalls zuerst für Abbildungen kleiner Kinder angewandt, z. B. für das Jesuskind auf dem Sixtinabild.
Ferner: *anna; onkel* = Onkel (1; 7).

b) Tiere:
(Früher schon genannt: *wauwau, mitze, gagack, muh, pip-pip, brr brr, kiki.*)
Neu: *nickel* = Kaninchen und Hase, lediglich für abgebildete Tiere (1; 6½).

c) Körperteile.
(Früher schon genannt: *auge, fuſs, fieſse.*)
Neuerwerbungen:
näſse (1; 6). Sonderbarerweise nannte das Kind 1; 7 zweimal an einem Tag die Stiefelspitzen „näſse", indem sie daran zupfte, wie an unseren Nasen. Auch das Taschentuch wird *näſse* genannt. 1; 8½ rief sie, wenn sie die Nase geputzt haben wollte: *näſse-tasche!*
Ferner: *ziepsieps* = Haare (1; 7½), *ohr* (1; 7½), *mund* (1; 7½), *ahm* = Arm (1; 7½), *ant* = Hand, *bein* (1; 8), *guckele* = Auge (1; 8). [*szoſs* s. unter Interjektionen.]

d) Kleidungsstücke etc.
(Früher: —)
Neuerwerbungen:
hute oder *otte* = Hut (1; 6), *pichel* = Lätzchen, *näſse* = Taschentuch (1; 6 nur verlangend geäuſsert), *mitze* = Mütze

(1; 6½), *irze* oder *otze* = Schürze (1; 6½), *antze* = Handtuch (1; 7), *nat* oder *nap* = Knopf (1; 7½), *schuä* = Schuhe (1; 7½, früher wurden die Schuhe auch *fiefse* genannt), *kaje* = Kragen und Vorhemdchen (1; 7½).

e) **Nahrungsmittel** etc.
(Früher: —)

Neuerwerbungen:

milſs = Milch
fasche = Flasche
{ 1; 6 nannte sie alle Flaschen (auch abgebildete Bierflaschen) *milſs*; von 1; 6½ an wurden umgekehrt alle Flaschen (auch die Milchflasche) *fasche* genannt.

Ferner: *apfe* = Apfel (1; 6½), *feisch* = Fleisch (1; 6½), *ei* (1; 6½), *miefse* = Gemüse (1; 7½), *pot* = Kompott, *kuchel* = Kuchen (1; 7½).

f) **Spielsachen.**
(Früher: *puppe, bildä.*)

Neuerwerbungen, alle um 1; 7:
miele = Mühle, *ball, büch, mann* (aus Holz), *bär* (aus Holz), *beifse* = Gummibeifser, *kulle* = Garnrolle, *dalä* = Taler, Geld.

g) **Sonstige Gegenstände.**
(Früher: *didda, lalala, mamau, lampe.*)

Neuerwerbungen:

psi = Blume (1; 7).
{ Ursprünglich Nachahmung unseres fingierten Niefsens (s. S. 24). Bald wurden alle Blumen, auch gemalte, gestickte, gedruckte, stilisierte, so genannt.

natz oder *aps* = Knaps (1; 7).
{ So hiefs allerlei, was „Knaps"-Geräusche verursachen kann: Portemonnaie, Zuckerdose, Schere, Etui usw.

rrrr = Nähmaschine oder Kaffeemühle (1; 7).
{ Nicht direkte Onomatopöie, sondern Nachahmung der von uns zur Bezeichnung jenes Geräusches vorgemachten Laute.

lalansch = Badewanne (1; 7).
{ Nachahmung unseres plansch plansch.

talj = Stall (1; 7½).
{ Viereckiges Holzgestell, in das sie öfters gesetzt wurde.

feur = Feuer (1; 7).
{ Zuerst Bezeichnung für die Ofenfeuerung, dann bald verallgemeinert auf Spiritusflamme und brennende Streichhölzer.

Monographien Heft 1. Die Kindersprache. 1. Teil. Sprachgesch. zw. Kinder etc.

Ferner: *bett*, auch *bitt* (1; 6), *stülj* = Stühlchen und Stuhl (1; 6¹/₂), *tü̃r* = Tür (1; 6¹/₂), *bösche*, später *bitze* = Bürste (1; 6¹/₂), *ziepzieps* = Kamm (1; 7¹/₂), *schlüchel* = Schlüssel (1; 6¹/₂) und Löffel (1; 7¹/₂), *wasche* = Waschschüssel (1; 7¹/₂), *liēs* = Zeitung (1; 7¹/₂).

2. Verben und verb-ähnliche Worte.

(Früher schon genannt: *ei-schei* = laufen, *essä*, *pieke pieke*. Die Interjektionen *kille kille* und *ssi ssi* sind allmählich zu verb-artigen Bezeichnungen = kitzeln und niefsen objektiviert worden.)

Neuerwerbungen:

tatēī = zum Schlafen hinlegen (1; 6). { Ausdruck des Kindermädchens „tatei machen."

anzie (1; 7). Wurde gleichmäfsig für die beiden entgegengesetzten Begriffe anziehn und ausziehn verwandt.

backe backe = in die Hände klatschen (1; 7). { Das bekannte Kinderlied „Backe backe Kuchen"

hoppe hoppe heite = hopsen auf dem Schofs (1; 7). { Das Kinderlied „hoppe hoppe Reiter".

atze atze = ritsche ratsche machen, zerreifsen. { Namentlich von Papier gesagt (1; 7). Verstanden wurde unser „mach ritsche ratsche" schon fünf Monate vorher.

tinke = trinken (1; 8). Das Wort wurde 1; 9 öfter durch Assimilation korrumpiert zu = *kinke*.

ging ging = klingeln, klingling machen.
mämau = baumeln, bimbaum machen.
offe = offen machen (1; 7¹/₂). { So sagte das Kindermädchen beim Aufknöpfen vo:· Kleidungsstücken.

Ferner: *lalala* = Klavierspielen (1; 7¹/₂), *lies* (Aufforderung zum Lesen 1; 7¹/₂), *enne enne* = rennen (1; 7¹/₂), *sitze* = hinsetzen (1; 7¹/₂), *wasche wasche* = waschen, *lalansch* = plansch plansch, waschen (1; 7¹/₂), *ziepzieps* = frisieren (1; 7¹/₂).

3. Interjektionen.

(Die früher genannten [s. S. 23] sind auch jetzt noch fast alle vorhanden. Aus *ss ss* [= horch horch] is *hoss* geworden, aus *kikä* [beim Versteckspielen] *kuckuck* oder *kikik*, *aua* wird nur noch scherzhaft gebraucht, *bitte* wurde um 1; 7 herum zu *bītä*, *bitei*, *būtei* verstümmelt.)

Neuerwerbungen:

dei dei butz! (1; 7). Unser „1, 2, 3 butz" beim Gasausdrehen.

du du du! (1; 7½). Scherzhaftes Drohen mit erhobenem Finger. Sie schalt sich selbst so, wenn sie unartig war.

sia! = sieh mal (1; 8). Ruf des Erstaunens (z. B. wenn sie Vögelchen auf dem Fensterbrett sitzen sah) und des Stolzes (z. B. wenn sie allein ihr Stühlchen schob oder die Tasse hielt).

ach ach! Ausruf freudigen Erstaunens, z. B. beim Anschauen von Bildern.

danke! 1; 6 wurde das Wort zunächst *ähnde* gesprochen, aber ganz im Tonfall unseres „danke". Dann verschwand es eine Zeitlang und tauchte 1; 7 als *danke* wieder auf. Anwendung noch rein automatisch, als Antwort auf unsere Frage: „wie sagt man?"

tay! auch *n'gag* Zuerst sagte sie es zu ihrem Spiegelbild, dann auch *n'gag* = guten Tag! zu uns, indem sie unsere Hand faßt oder fassen (1; 6½) will. Als richtige Begrüßsung nach Abwesenheit wurde das Wort noch nicht verstanden.

mämau = bimbaum. Wurde gesprochen, wenn sie Glocken läuten hörte. Die Silbe „baum" in unserer Bezeichnung „bimbaum" ruft also beim Kind dieselbe sprachliche Reaktion hervor, wie das Substantiv Baum (s. S. 22).

ein! = herein! wenn jemand klopft.

feu feu = pfui pfui (1; 7½).

szofs auf den Schofs! Ausdruck des Verlangens, auf den Schofs genommen (1; 8). zu werden.

4. Sonstige Worte.

und (1; 6). Wenn die Mutter erzählte: „Und dann kommt ein Kiki und eine Muh, und — —?" so fuhr H. fort: *„und pieppiep — und wauwau."*

ja, nein. Wurden seit 1; 6¼ gebraucht, meist mit den entsprechenden Kopfbewegungen. Zuerst wurden sie im Sinn noch nicht deutlich unterschieden (z. B.: „Soll ich hauen? — *ja!*"), bald aber war der Gebrauch eindeutig. (Beispiel: „Soll ich die Papiermütze der Hilde aufsetzen?" — Hilde (unwillig) *nein!* — „Soll ich sie dem Vater aufsetzen?" — *ja!*). — Beide Worte wurden lediglich volitional gebraucht, noch nicht konstatierend (vgl. Kap. XV).

II. Satzbildung

Wenn auch die einfachen Satzworte (Sätze, die nur aus einem Wort bestehen) noch immer weitaus überwiegen, so sind doch auch die mehrwortigen nicht mehr ganz selten. Sie treten in drei Formen auf. Die Ausrufssätze, deren Anfänge schon vor zwei Monaten da waren, verbinden eine Interjektion mit einem Vokativ. Die Fragesätze, welche sehr intensiv auftreten, sind direkte Nachahmungen unserer Fragen; eigene Satzbildung fehlt hier noch. Inhaltlich gehen sie stets auf das Was oder Wer. Den Hauptfortschritt stellen die Aussagesätze da, denn sie enthalten wirkliche eigene Synthesen: ein Subjekt wird mit einem Prädikat verbunden. Allerdings handelt es sich zur Zeit nur um ganz vereinzelte Satzbildungen mit dem Prädikat *alle*.

Im Ergebnis der psychologischen Analyse der Sprachanfänge prägen C. und W. Stern den heute noch gebräuchlichen Begriff ›Einwortsatz‹, d. h. ein Wort steht für einen ganzen Satz.

»Die Spracheinheiten des Kindes gehören überhaupt keiner Wortklasse an, weil sie keine Einzelworte, sondern Sätze sind. Denn ein Wort ist der Ausdruck für einen einheitlichen Bewußtseinsinhalt; ein Satz dagegen ist der Ausdruck für eine einheitliche (vollzogene oder zu vollziehende) Stellungnahme zu einem Bewußtseinsinhalt.

Daß die Sprachentwicklung nicht mit Worteinheiten, sondern mit Satzeinheiten anhebe, wird in neuerer Zeit von der Linguistik ziemlich allgemein angenommen, und wird von der Kindersprachforschung zu einer zweifellosen Wahrheit erhoben. Denn der Sprachnovize spricht nicht, um Vorstellungen selbst, sondern um seine Stellungnahme zu ihnen zu äußern bzw. um eine Stellungnahme von anderen zu fordern (Fragesätze). Und nur so erklärt sich ja die Tatsache, daß eine und dieselbe Spracheinheit so außerordentlich beziehungsreich verwandt werden kann. Das kindliche *mama* läßt sich in die Vollsprache nicht übersetzen durch die Worteinheit »Mutter«, sondern nur durch Satzeinheiten: »Mutter komm her«, »Mutter gib mir«, »Mutter setz mich auf den Stuhl«, »Mutter hilf mir« usw. Man hat aus diesen Gründen die ersten kindlichen Sprachstufen als die des »Satzwortes« bezeichnet; treffender noch wäre der Name »Einwortsatz«. Das Stadium der kindlichen Sprache, in dem der Satz nur aus einem Wort besteht, währt ziemlich lange. […]

> a) Interjektions-artige Sätzchen.
> *tag, mama!* 1; 7.
> *ei, ei gu(te) mama!* 1; 7. Nachgesprochen.
> *sia papa!* = sieh da, Papa! 1; 8.
> b) Fragende Sätzchen.
> *das hier?* = was ist das hier? 1; 6.
> *das is?* = weißt du, was das ist? 1; 6.
> *is'n das?* = was ist denn das? 1; 6.
> *is'n das hier?* 1; 6½:
> *is'n da?* = wer ist denn da? 1; 8.
>
> So fragte H. unzählige Male am Tage, indem sie mit dem Fingerchen auf die Bilder oder Gegenstände zeigte.
>
> H. fragte so, als sich der Vater hinter einer Serviette versteckte.
>
> c) Aussagesätzchen.
> *alle, alle — milch* 1; 7. H. sagte es, als sie die Flasche geleert hatte.
> *alle — papa!* 1; 7. Als der Vater in Hut und Mantel hinausgegangen war. (Das Wort *alle!* begleitet sie stets mit einer charakteristischen Geste: sie streckt den Arm seitlich von sich und kehrt die Handfläche nach oben.)

(Stern, C. & Stern, W., 1922 [1907], 25–30).

Diese lange Dauer ist weniger ein Zeichen für die Langsamkeit der kindlichen Sprachentwicklung, als für die Leistungsfähigkeit des Einwortsatzes. [...]

Noch vermag das Kind die Vielgestaltigkeit seiner psychischen Erlebnisse nicht durch eine entsprechende Mannigfaltigkeit der sprachlichen Äußerungen zu bewältigen; und so preßt es denn alles, was es zu sagen hat, in jenen einzigen Lautkomplex, der der Kulmination des seelischen Erlebnisses entspricht und deshalb die meiste Bereitschaft hat, im Moment über die Sprachschwelle zu treten. Dieselben Mittel, die dort dem Kinde als Verständnishilfen dienten, Gebärde und Tonfall, braucht es jetzt unbewußt selber als Ausdruckshilfen und verleiht dadurch dem Kulminationswort die etwa noch fehlende Bedeutungsschärfe. Gewöhnlich wird sich der aus dem Chaos herausgehobene Lautkomplex. also das Satzwort, decken mit einem Lautkomplex, den auch wir als »ein Wort« abgrenzen« (Stern, C.& Stern, W. 1922 [1907], 164–167).

11 Die Frage nach den Determinanten der psychischen Entwicklung des Kindes (W. Stern)

William Stern (1871–1938) war einer der Gelehrten, die sich bleibende Verdienste um die Ausweitung der Arbeitsfelder der noch jungen wissenschaftlichen Psychologie erwarben. Exemplarisch seien die Begründung der Differentiellen Psychologie sowie substantielle Beiträge zu einer forensischen Psychologie genannt. Ein zentrales Fundament seiner entwicklungspsychologischen Arbeit ist der ›Grundsatz der Konvergenz‹. Mit dem Konvergenzprinzip versucht er, die in seiner Zeit bestehende Antithetik von Anlagebestimmtheit (Nativismus, ›angeborene Ideen‹) und Umweltbestimmtheit (Empirismus, ›tabula rasa‹) der psychischen Entwicklung zu überwinden, indem er zum einen die Plastizität der Anlagen, zum anderen die Eigenaktivität der ›Person‹ gegenüber den Umwelteinwirkungen hervorhob. Konvergenz sei gekennzeichnet durch das Moment der ›Zweckbestimmtheit‹ im Sinne der Anpassung des Organismus an die sich verändernden Umweltverhältnisse.

Retrospektiv kann das Konvergenzprinzip bewertet werden als ein Zwischenschritt zu der Einsicht, dass Anlage und Umwelt nicht getrennt, sondern als Interaktion zur Wirkung kommen (Anastasi, 1958).

»Seelische Entwicklung ist nicht ein bloßes Hervortreten-Lassen angeborener Eigenschaften, aber auch nicht ein bloßes Empfangen äußerer Einwirkungen, sondern das Ergebnis einer Konvergenz innerer Angelegtheiten mit äußeren Entwicklungsbedingungen. Diese »Konvergenz« gilt für die großen Züge, wie für die Einzelerscheinungen der Entwicklung. Bei keiner Funktion oder Eigenschaft dürfte man fragen: »Stammt sie von außen oder von innen?« sondern: »Was an ihr stammt von außen und was von innen?«; denn stets wirkt beides an ihrem Zustandekommen mit, nur jeweils mit verschiedenen Anteilen. [...] Die Anlagen des Kindes sind ebenfalls ... erblich bedingt, aber nicht als feste Zwangskurse, welche die Vorfahren dem Kinde auferlegen, sondern nur als allgemeine Tendenzen, deren Spezialisierung der individuellen Tat und den äußeren Einwirkungen anheimgegeben ist. [...] Die kindlichen Anlagen sind nicht eindeutige Prädestinationen dessen, was kommen wird, sondern Zukunftsanweisungen mit Spielraum, und innerhalb dieses Spielraumes betätigt sich nun Erziehung und Umwelt, um die tatsächliche Entwicklung herbeizuführen« (Stern, W., 1914, 19 & 23).

12 Von der Untersuchung der kindlichen Entwicklung kognitiver Funktionen zur Intelligenzdiagnostik (A. Binet)

Bald nach ihrer Etablierung als ein wissenschaftliches Forschungsgebiet (Stichdatum: Preyer 1882) gingen von der Entwicklungspsychologie starke Impulse auf die Erweiterung und Ausdifferenzierung von Forschungs- und Anwendungsfeldern der Psychologie als ganzer aus. Als Beispiel sei auf die Studien Alfred Binets (1857–1911) und seiner Mitarbeiter zur kindlichen Ontogenese kognitiver Funktionen hingewiesen. Die Untersuchungsergebnisse zur altersmäßigen Entwicklung von Größenschätzungen, Mengenauffassungen, Gedächtnisleistungen, Definitionsbildungen usw. waren der Ausgangspunkt für die Annahme, dass die Entwicklung der ›Intelligenz‹ als eine regelhafte Stufung beschreibbar sei. Auf der Grundlage dieser Annahme konstruierten später Binet und Simon ihre berühmt gewordenen Intelligenztests (1905). Man kann also sagen: Kinderpsychologische Untersuchungen bildeten den Ausgangspunkt für eine wissenschaftliche Intelligenzdiagnostik.

Ein charakteristisches Beispiel für Binets Untersuchungsthemen und -methoden ist eine Abhandlung zur frühkindlichen Mengen- und Zahlenauffassung aus dem Jahre 1890, die später K. Bühler in seiner Monographie ›Die geistige Entwicklung des Kindes‹ auszugsweise referierte:

»Binet hat mit seinen Töchtern im Alter von 2½ und 4 Jahren Mengenschätzungsexperimente mit verschiedenen Gegenständen (Bohnen, Federn, Münzen) gemacht. Zwei unregelmäßig angeordnete Gruppen gleichartiger Dinge wurden auch von dem jüngeren Mädchen so gut verglichen, daß eine Gruppe von 18 beim Vergleich mit einer von 17 fast immer richtig als größer bezeichnet wurde; der Unterschied von 21 und 22 dagegen wurde nicht mehr erfaßt. Der Versuch mit einer Gruppe großer und einer Gruppe kleiner Dinge zeigte dann aber, daß nicht die Mengen, sondern die Größen der bedeckten

Felder verglichen waren; 18 Spielmarken von je 2½ cm Durchmesser wurden jetzt immer als »weniger« denn 14 oder 12 oder selbst 10 Marken von je 4 cm Durchmesser bezeichnet, obwohl sich die Kinder bei kleinen Mengen bis zu sechs Elementen durch die Größenunterschiede nicht täuschen ließen, also im Prinzip erfaßt haben mußten, worauf es ankommt. Im Zählen hatte es das jüngere Mädchen um diese Zeit (2½ Jahr) erst bis auf drei, das vierjährige bis auf fünf gebracht, und genau soweit reichte ihre Fähigkeit, Markengruppen durch Betrachtung so zu erfassen und sich einzuprägen, daß sie beim Wiederaufbau einer weggenommenen Gruppe in anderer Anordnung richtig angeben konnten, wann kein Element mehr fehlte« (Besprechung der Binetschen Studie bei Bühler, K. [1922], 199).

13 Die psychologische Erschließung des Jugendalters (Ch. Bühler)

Während Preyer (1882) die psychische Entwicklung des Kindes bis zum Ende des 3. Lebensjahres und Stern (1914) bis zum Ende des 6. Lebensjahres beschrieb, beginnen im deutschsprachigen Raum erstmals Vertreter(innen) der Wiener Schule, das Jugendalter einer gesonderten psychologischen Behandlung zu unterziehen. Damit verbunden war die Notwendigkeit, altersspezifische Methoden zu entwickeln und anzuwenden. Anfangs konzentrierte man sich auf die Sammlung und Auswertung von Tagebüchern Heranwachsender. Für Charlotte Bühler (1893–1974) war das Tagebuch »einstweilen die ergiebigste und sicherste Quelle für derartige Forschungen«. Sie glaubte, von den Tagebuch-Aufzeichnungen auf »Grundtatsachen der Pubertät«, wie z. B. Einsamkeits- und Isolierungsbedürfnis, schließen zu können.

In dem Aufsatz ›Die Bedeutung des Tagebuchs für die Jugendpsychologie‹ (1925) geht sie auf Wert und Grenzen der Tagebuch-Methodik ein (im Text: Tb = Tagebuch).

»Das Tb. [= Tagebuch, G.E.] bietet eine geschlossene Folge von Selbstbeobachtungen. Gemessen an den Selbstbeobachtungsprotokollen im wissenschaftlichen Experiment weist das Tb. gewisse Vor- und Nachteile aus. Der Hauptmangel ist selbstverständlich darin begründet, daß wir es nicht mit einer wissenschaftlich geschulten, sachlich eingestellten Versuchsperson zu tun haben, sondern mit einem von Gefühlen und Leidenschaften bewegten jungen Menschen, der sich über sein eigenes Innenleben nicht klar ist, und der sich oft in einer interessanten Pose besser gefällt als in der nüchternen Alltagshaltung. Andererseits gleicht das Tb. selbst in gewisser Weise diese Mängel aus und bietet einige unverkennbare Vorzüge vor dem Experiment. Zunächst entsteht es nicht in einer künstlichen Situation und unter dem Einfluß bestimmter Fragestellung. Es wird nicht für einen andern geschrieben, sondern der Verfasser analysiert sich zunächst einmal deshalb, weil er sich über sich selber klar werden möchte. [...] Was ist das Tb.schreiben zunächst dem bloßen Faktum nach? Ein Mensch setzt sich hin und schreibt; schreibt nicht, um irgendeine ihm vorschwebende oder gestellte Aufgabe zu erfüllen oder andern etwas mitzuteilen, sondern für sich selbst ohne klar erkennbaren Zweck. Manchmal erfüllt ihn die Vorstellung, sich seine Erlebnisse aufzubewahren, manchmal der Wunsch, sich sein Handeln dadurch explicit vor Augen zu führen und zu rechtfertigen, meist der einfache Trieb, sich irgendwie über Dinge, die mit seinem Leben zusammenhängen, auszusprechen. Er spricht sich aus, und zwar nicht zu einem Menschen, in lebendiger Wechselrede und im lebendigen Kontakt mit ihm, sondern in möglichster Einsamkeit zu seinem stummen Buch in monologisierender Form. Das Faktum ist zunächst einmal: eine Absperrung und Isolierung von der Außenwelt und gegenüber andern Menschen und ein Alleinsein mit sich selbst oder mit dem Buch. Dieser Vorgang kann verschiedene Ursachen haben. Es kann so sein, daß der Tb.schreiber grundsätzlich der Aussprache und dem Zusammensein mit Menschen abgeneigt ist oder daß er sie nur in diesem Augenblick nicht brauchen kann oder daß er den nicht gefunden hat, den er brauchen könnte. Gleichviel, man muß annehmen, daß den Tb.schreiber Dinge beschäftigen, mit denen er allein sein will oder muß. Ablehnung der menschlichen Gemeinschaft, die der Tb.schreiber haben könnte und unter Umständen Mangel an einer Gemeinschaft, die er suchte, treiben also den Tb.schreiber in eine mehr oder minder selbstgewählte Einsamkeit. Es ist also ein Einsamkeits-, ein Isolierungsbedürfnis die Grundbedingung des Tb.schreibens, und dieses Bedürfnis kann ebensowohl aus Überdruß an der vorhandenen Umwelt wie aus Sehnsucht nach nicht vorhandenen Menschen wie schließlich drittens aus der Natur des Gegenstandes hervorgehen, der den Tb.schreiber beschäftigt. Vielleicht ist dieser so heikel oder so unklar oder so neu und unerwartet, daß der Tb.schreiber zunächst allein mit ihm fertig werden, sich über ihn klar werden, sich ihn verständlich machen will. Dieses Isolierungsbedürfnis ist eigentlich die einzige notwendige Voraussetzung des Tb.schreibens. Wie die Durchführung dann erfolgt, ob flüchtig, skizzenhaft, mehr in Gefühlsausbrüchen und abgehackten Sätzen oder mit Lust an der Darstellung, ausführlich, überlegend; ob mehr Tatsachen oder mehr Gedanken oder Gefühle beschrieben werden; ob mehr andere oder das Ich im Mittelpunkt der Erörterungen stehen – all das sind sekundäre Fragen, und bei ihrer Beantwortung würden die zahlreichen individuellen und Typenunterschiede der Tb.schreiber zum Vorschein kommen. In dem Faktum des Isolierungs-, des Einsamkeitsbedürfnisses in den Fakten der Ablehnung der gegebenen Umwelt, der Sehnsucht nach nicht vorhandenen Menschen, der Beschäftigung mit Fragen die sich der Aussprache mehr oder minder verwehren, haben wir nun in der Tat die Grundtatsachen der Pubertät beisammen« (Bühler, Ch. [1925], S. V–IX).

14 Die Etablierung eines ganzheitlichen Entwicklungsmodells (H. Werner)

Heinz Werner (1890–1964) hat sich mit seinem Hauptwerk ›Einführung in die Entwicklungspsychologie‹ (1926, 4. Aufl. 1959) bleibende Verdienste um die theoretische und methodologische Profilierung der Entwicklungspsychologie erworben. Er kam von der ›genetischen Entwicklungspsychologie‹ her, war ein Mitarbeiter W. Sterns am Hamburger Psychologischen Institut und musste 1933 aus rassischen Gründen in die USA emigrieren. Dort entfaltete er als Protagonist einer theoriegeleiteten entwicklungspsychologischen Forschung nachhaltige Wirkungen.

Von seinen konzeptionellen Beiträgen sollen zwei herausgegriffen werden:

1. die Unterscheidung von speziellen Entwicklungspsychologien und allgemeiner Entwicklungspsychologie,
2. die Charakterisierung von Entwicklung als zunehmende Differenzierung und hierarchische Zentrierung.

Ad 1: In der Kinderpsychologie, Völkerpsychologie, Tierpsychologie und Psychopathologie beschriebene Entwicklungsgänge weisen Gemeinsamkeiten bzw. Parallelen auf, die eine Ableitung allgemeiner Gesetzmäßigkeiten zulassen. Die Auffindung solcher übergreifender ›Entwicklungsgesetze des geistigen Lebens‹ sei Aufgabe der allgemeinen Entwicklungspsychologie.

»Spezielle Entwicklungspsychologie und allgemeine Entwicklungspsychologie. Was ist Entwicklungspsychologie und welches sind ihre Probleme? Der Begriff Entwicklungspsychologie ist eindeutig und prägnant in dem Sinne, daß hiermit eine Wissenschaft von der Entwicklung des menschlichen Seelenlebens schlechthin gekennzeichnet ist und daher eine bestimmte Methode: eben die Betrachtung alles Seelischen, unter dem Gesichtspunkt der

Entwicklung, Grundmethode dieser Wissenschaft ist. Nicht so ganz bestimmt hingegen scheint der Begriff Entwicklungspsychologie zu sein, wenn man nach dem Gegenstand dieser Wissenschaft fragt, nach dem Stoffgebiet, das sich unter den Gesichtspunkt der Entwicklung bringen läßt. So gibt es Forscher, die unter Entwicklungspsychologie ausschließlich eine ontogenetische Betrachtungsweise, die Entwicklungspsychologie des Kindes und des jugendlichen Menschen verstehen wollen. Fraglos ist die typische seelische Entwicklung des einzelnen Individuums in ausgezeichneter Weise genetische Psychologie; damit ist aber keineswegs der Umkreis der Entwicklungsmethodik voll umrissen. Neben der Entwicklungspsychologie des Individuums tritt die Entwicklungslehre höherer gesellschaftlicher Einheiten: des Volkes, der Rasse, der Menschheit. Dieses psychologische Forschungsgebiet, am häufigsten bekannt unter dem Namen Völkerpsychologie, nimmt [...] einen Mittelpunkt der entwicklungspsychologischen Betrachtungsweise ein. [...] In jedem Falle führt [...] die Frage nach der Entwicklung des menschlichen Geistes, wenn nicht unnatürliche Schranken gesetzt werden sollen, zur Untersuchung des Verhältnisses von Mensch und Tier, zur Frage der Entwicklung tierischer Geistigkeit und mithin zur entwicklungstheoretisch betrachteten Tierpsychologie. Ist für die Vergleichung bestimmter seelischer Einheiten: des Kindes, des Naturmenschen und andererseits auch des Tieres, mit der des Kulturmenschen die Entwicklungspsychologie schon längere Zeit von der Mehrzahl der Forscher als notwendige Voraussetzung anerkannt, so lenkt der Entwicklungspsychologe erst neuerdings sein Augenmerk auch auf solche Seelenbilder, welche entweder im Sinne der Psychiatrie abnorm sind oder sich im hochentwickelten Bewußtsein vorübergehend – wie im Traume, in Rauschzuständen usw. – abnorm ausformen. Hier ist die Frage zu beantworten: läßt sich das krankhafte Seelenleben für eine Theorie geistiger Entwicklung verwenden. [...]

Jede Art theoretischer Psychologie, die allgemeine normale Psychologie des Individuums und der Menschheit, die Tier- und die Kindespsychologie, die Psychopathologie und die Psychologie besonderer Bewußtseinszustände, kann – unbeschadet der besonderen Ziele jeder dieser Wissenschaften – unter dem Gesichtspunkte der geistigen Entwicklung gefaßt werden und ist dann Entwicklungspsychologie. Neben und über diesen besonderen Entwicklungspsychologien steht dann eine allgemeine Entwicklungspsychologie, eine vergleichende Wissenschaft, die bisher erst in geringen Anfängen vorhanden ist und deren Aufgabe darin besteht, die Ergebnisse dieser speziellen Entwicklungspsychologien untereinander zu vergleichen und zu allgemeinen Entwicklungsgesetzen des geistigen Lebens schlechthin vorzudringen« (Werner H., 1959 [1926], 1f.).

Ad. 2: Entwicklung besteht nach Werner darin, dass aus einem unstrukturiert-globalen Ausgangszustand eine Ausgliederung differenzierter Teile hervorgeht, wobei dieser Prozess als hierarchische Strukturierung stattfindet.

»In der Tat erweist es sich, daß die Entwicklung der biologischen Gestalten in einer zunehmenden Differenzierung von Teilen geschieht. Diese allmähliche Differenzierung aber würde zur Ausbildung von immer absonderlicher werdenden bizarren Gestalten führen, [...] wenn dieser Differenzierung nicht eine Vereinheitlichung durch Subordination der Teile gegenüberstände. Diese Zentralisation bedeutet für jedes organische Gebilde: Organisation der differenzierten Teile zum Zwecke einer totalen Geschlossenheit, einer Ordnung und Gruppierung der Teile von dem Ganzen des Geschöpfes aus. [...] Das Grundgesetz zunehmender Differenzierung und hierarchischer Zentralisierung besitzt Gültigkeit für die psychologische Entwicklung ebensosehr wie für die Genese des Nervensystems. [...] Es muss also anerkannt werden, daß ein psychophysisches Gesetz der Entwicklung herrscht, das sich in allen psychischen Phänomenen und Funktionen in besonderer Art wiederum äußern muß. Es wird als Forschungsregel das Entwicklungsgesetz wohl angenommen werden können, daß das Wesen der seelischen Genese in der fortschreitenden Differenzierung, Verfeinerung der psychischen Erscheinungen und Funktionen und in einer sich ausbauenden Zentralisation besteht. [...] Mit der zunehmenden Differenzierung ist die zunehmende Subordination alles Geistigen eng verknüpft« (Werner, H., 1959 [1926], 29, 33–37).

15 Die Thematisierung der Sexualentwicklung des Kindes in der Psychoanalyse (S. Freud)

Sigmund Freud (1856–1939), der Begründer der Psychoanalyse, hat selbst zwar keine entwicklungspsychologischen Untersuchungen durchgeführt, aber der genetische Aspekt spielt in seinen theoretischen und praktisch-therapeutischen Überlegungen eine tragende Rolle. Bestimmend für die psychische Entwicklung des Kindes sind nach seiner Meinung die im Sexualbereich verankerten ›Triebschicksale‹. Die Phasen der Sexualentwicklung (orale, sadistisch-anale, phallische [danach Latenzzeit], schließlich genitale Phase) dienen ihm als Kriterium für die Periodisierung des Kindes- und frühen Jugendalters. Biologische, unbewusst ablaufende Prozesse sind ihm zufolge die Steuerungsmechanismen der Entwicklung.

»Das Sexualleben beginnt nicht erst mit der Pubertät, sondern setzt bald nach der Geburt mitdeutlichen Äusserungen ein. [...] Es hat sich gezeigt, dass es im frühen Kindesalter Anzeichen von körperlicher Tätigkeit gibt, denen nur ein altes Vorurteil den Namen sexuell verweigern konnte und die mit psychischen Phänomenen verbunden sind, die wir später im erwachsenen Liebesleben finden, wie etwa die Fixierung an bestimmte Objekte, Eifersucht usw. Es zeigt sich aber darüber hinaus, dass diese in der frühen Kindheit auftauchenden Phänomene einer gesetzmässigen Entwicklung angehören, eine regelmässige Steigerung durchmachen, etwa gegen Ende des fünften Lebensjahres einen Höhepunkt erreichen, dem dann eine Ruhepause folgt. Während dieser steht der Fortschritt stille, vieles wird verlernt und wieder rückgebildet. Nach Ablauf dieser sogenannten Latenzzeit setzt sich mit der Pubertät das Sexualleben fort, wir könnten sagen, es blüht wieder auf. Wir stossen hier auf die Tatsache eines zweizeitigen Ansatzes des Sexuallebens, die ausser beim Menschen nicht bekannt und offenbar sehr wichtig für die Menschwerdung ist. [...] Das erste Organ, das als erogene Zone auftritt und einen libidinösen Anspruch an die Seele stellt, ist von der Geburt an der Mund. Alle psychische Tätigkeit ist zunächst darauf eingestellt, dem Bedürfnis dieser Zone Befriedigung zu schaffen. Diese dient natürlich in erster Linie der Selbsterhaltung durch Ernährung, aber man darf Physiologie nicht mit Psychologie verwechseln. Frühzeitig zeigt sich im hartnäckig festgehaltenen Lutschen des Kindes ein Befriedigungsbedürfnis, das – obwohl von der Nahrungsaufnahme ausgehend und von ihr angeregt – doch unabhängig von Ernährung nach Lustgewinn strebt und darum sexuell genannt werden darf und soll. Schon während dieser oralen Phase treten mit Erscheinen der Zähne sadistische Impulse isoliert auf. In viel grösserem Umfang in der zweiten Phase, die wir die sadistisch-anale heissen, weil hier die Befriedigung in der Aggression und in der Funktion der Exkretion gesucht wird. Wir begründen das Recht, die aggressiven Strebungen unter der Libido anzuführen auf die Auffassung, dass der Sadismus eine Triebmischung von rein libidinösen mit rein destruktiven Strebungen ist, eine Mischung, die von da an nicht aufhören wird.

Die dritte ist die sogenannte phallische Phase, die, gleichsam als Vorläufer, der Endgestaltung des Sexuallebens bereits recht ähnlich ist. Es ist bemerkenswert, dass nicht die Genitalien beider Geschlechter hier eine Rolle spielen, sondern nur das männliche (Phallus). Das weibliche Genitale bleibt lange unbekannt, das Kind huldigt in seinem Versuch, die sexuellen Vorgänge zu verstehen, der ehrwürdigen Cloakentheorie, die genetisch ihre Berechtigung hat. Mit und in der phallischen Phase erreicht die frühkindliche Sexualität ihre Höhe und nähert sich dem Untergang. Knabe und Mädchen haben von jetzt an gesonderte Schicksale. Beide haben begonnen, ihre intellektuelle Tätigkeit in den Dienst der Sexualforschung zu stellen, beide gehen von der Voraussetzung des Allgemeinvorkommens des Penis aus. Aber jetzt scheiden sich die Wege der Geschlechter. Der Knabe tritt in die Ödipusphase ein, er beginnt die manuelle Betätigung am Penis mit gleichzeitigen Phantasien von irgendeiner sexuellen Betätigung desselben an der Mutter, bis er durch Zusammenwirkung einer Kastrationsdrohung und dem Anblick der weiblichen Penislosigkeit das grösste Trauma seines Lebens erfährt, das die Latenzzeit mit allen ihren Folgen einleitet. Das Mädchen erlebt nach vergeblichem Versuch, es dem Knaben gleichzutun, die Erkenntnis ihres Penismangels oder besser ihrer Klitorisminderwertigkeit mit dauernden Folgen für die Charakterentwicklung; infolge dieser ersten Enttäuschung in der Rivalität häufig mit erster Abwendung vom Sexualleben überhaupt. [...] Die volle Organisation wird erst durch die Pubertät in einer vierten, genitalen, Phase erreicht. Dann hat sich ein Zustand hergestellt, in dem 1) manche frühere Libidobesetzungen erhalten geblieben sind, 2) andere in die Sexualfunktion aufgenommen werden als vorbereitende, unterstützende Akte, deren Befriedigung die sogenannte Vorlust ergibt, 3) andere Strebungen von der Organisation ausgeschlossen werden, entweder überhaupt unterdrückt (verdrängt) werden oder eine andere Verwendung im Ich erfahren, Charakterzüge bilden, Sublimierungen mit Zielverschiebungen erleiden« (Freud, S., 1983 [1938], 75–77).

16 Die Rolle der ›Minderwertigkeitsgefühle‹ und ihre ›Kompensation‹ in der Persönlichkeitsentwicklung (A. Adler)

Im Gegensatz zur biologisch-energetischen Deutung der psychischen Entwicklung des Kindes bei S. Freud richtet Alfred Adler (1870–1937) sein Augenmerk stärker auf soziale Gesichtspunkte. Er war einer der ersten, die sich schon 1902 an den von Freud initiierten psychoanalytischen Diskussionsrunden beteiligte. 1911 kam es aber zum Bruch mit Freud und Adler begründete eine eigenständige tiefenpsychologische Richtung: die Individualpsychologie.

Nach Adler ist das ‚primäre Erlebnis‹ des Kleinkindes seiner ‚Organminderwertigkeit‹ (Hilflosigkeit, Angewiesensein auf Erwachsene). Die Minderwertigkeitsgefühle werden zu überwinden versucht durch ‚Kompensation‹, gegebenenfalls auch ‚Überkompensation‹. Ausdruck der Kompensation ist das Streben nach Macht (auch Geltungsstreben). Das primäre soziale Bezugssystem, innerhalb dessen das Streben nach Macht zur Geltung kommt, ist die Familie. Ein markanter Faktor der Familienkonstellation ist die Stellung des Kindes in der Geschwisterreihe. In seinem allgemeinen Buch ‚Menschenkenntnis‹ (1.Aufl. 1927, Taschenbuch-Ausgabe 1984) misst Adler diesem Faktor eine gewichtige entwicklungsprägende Wirkung zu. Im Zentrum der Abhandlung stehen die ‚Schicksale‹ des jüngsten, des ältesten, des zweitgeborenen Kindes und des Einzelkindes. Auch andere Geschwisterkonstellationen werden gestreift (siehe Text). Methodenkritisch anzumerken ist, dass Adler relativ bedenkenlos kasuistisch gewonnene Eindrucksurteile zu allgemeingültigen Aussagen generalisiert. In neuerer Zeit wurden Forschungsergebnisse zur Geschwisterproblematik erzielt, die auf methodisch-statistisch gesicherter Grundlage basieren und die Annahmen Adlers zum Teil bestätigen (Sulloway, 1997).

»Geschwister
Es wurde bereits öfter erwähnt, dass es für die Beurteilung eines Menschen

wichtig ist, die Situation zu kennen, in der er aufgewachsen ist. Eine Situation besonderer Art ist nun in der Stellung gelegen, die ein Kind in der Reihe seiner Geschwister einnimmt. Auch nach diesem Gesichtspunkt können wir die Menschen einteilen und sind, wenn wir über genügend Erfahrung verfügen, imstande zu erkennen, ob jemand ein Erstgeborener, der Einzige, der Jüngste usw. ist.

Die Menschen scheinen eigentlich schon lange gewusst zu haben, dass der Jüngste meist ein besonderer Typus ist. Das ergibt sich aus einer Unzahl Märchen, Legenden, biblischen Geschichten, in denen der Jüngste immer in der gleichen Art hervortritt und geschildert wird. Tatsächlich wächst er in einer ganz anderen Situation auf als alle anderen Kinder. Er ist für die Eltern ein besonderes Kind, er erfährt als Jüngster eine besondere Behandlung. Als Jüngster erscheint er gleichzeitig auch als der Kleinste, infolgedessen Bedürftigste zu einer Zeit, wo die anderen Geschwister schon selbstständiger, fertig, erwachsen dastehen. Daher wächst er auch meist in einer wärmeren Atmosphäre auf als die anderen.

Aus dieser Situation erwächst ihm eine Anzahl von Charakterzügen, die seine Stellungnahme zum Leben in besonderer Weise beeinflussen, eine besondere Persönlichkeit aus ihm formen. Dazu kommt noch ein Umstand, der scheinbar einen Widerspruch bedeutet. Es ist für kein Kind eine angenehme Situation, immer als der Kleinste zu gelten, dem man nichts zutraut, dem man nichts anvertrauen darf. Das reizt das Kind so sehr, dass es meist danach strebt, zu zeigen, was es alles könne. Sein Machtstreben erfährt eine Verschärfung. So wird der Jüngste meist ein Mensch sein, dem nur die beste Situation genügt, der ein Streben in sich entwickelt, alle andern zu überspringen.

Dieser Typus ist im Leben sehr oft anzutreffen. Es gibt eine Sorte von Jüngsten, die alle andern übertreffen, die viel mehr geleistet haben als ihre Geschwister. Ein böserer Fall ist eine andere Sorte von Jüngsten, die auch dieses Streben gehabt haben, aber nicht die volle Aktivität und das Selbstvertrauen, was ebenfalls von ihren Beziehungen zu den älteren Geschwistern herrühren kann. Waren diese nicht zu übertreffen, dann kann es geschehen, dass der Jüngste vor seinen Aufgaben zurückschreckt, feige und wehleidig wird und immer nach einer Ausrede sucht, um seinen Aufgaben auszuweichen. Er wird nicht weniger ehrgeizig, er bekommt aber jene Art von Ehrgeiz, die den Menschen dazu drängt, auszukneifen und seinen Ehrgeiz auf einem Feld abseits von den Aufgaben des Lebens zu befriedigen und der Gefahr auszuweichen, Proben seines Könnens ablegen zu müssen.

Manchen wird es schon aufgefallen sein, dass sich der Jüngste gewöhnlich so benimmt, als ob er verkürzt worden wäre und ein größeres Minderwertigkeitsgefühl in sich tragen würde. Wir konnten dieses Gefühl bei unseren Untersuchungen immer feststellen und den großen Schwung einer seelischen Entwicklung aus diesem peinigenden und beunruhigenden Gefühl ableiten. In diesem Sinne gleicht der Jüngste völlig einem Kind, das mit schwachen Organen zur Welt gekommen ist. Dies braucht nicht tatsächlich der Fall zu sein; es kommt nicht darauf an, was objektiv vorhanden ist, ob ein Mensch wirklich minderwertig ist, sondern darauf, wie er sich fühlt. Wir wissen auch, dass es im Kindesleben außerordentlich leicht ist, einen Irrtum zu begehen. Wir stehen da vor einer Fülle von Fragen, Möglichkeiten und Konsequenzen. Wie soll sich der Erzieher verhalten, soll er weitere Reizungen hervorrufen, indem er etwa die Eitelkeit eines solchen Kindes noch weiter aufstachelt? Nur in den Vordergrund schieben, dass dieses Kind immer der Erste sein solle, wäre für ein Menschenleben viel zu wenig, und die Erfahrung belehrt uns auch, dass es im Leben nicht darauf ankommt, der Erste zu sein. Besser ist es, hier eher etwas zu übertreiben und zu sagen: Wir brauchen keine Ersten. Vor ihnen ist uns eigentlich schon übel. Wenn wir die Geschichte sowie unsere Erfahrungen überblicken, so müssen wir feststellen, dass darauf kein Segen ruht. Ein solches Prinzip macht das Kind einseitig und vor allem nicht zu einem guten Mitmenschen. Denn die nächste Folge ist meist, dass es nur an sich denkt und daran, ob andere ihm nicht zuvorkommen könnten. Es entwickeln sich leicht Egoismus, Neid- und Hassgefühle, eine Bangigkeit, ob er auch immer der Erste sein werde. Der Jüngste ist durch seine Position schon im Vorhinein geneigt, ein Schnellläufer zu werden, alle andern zu überflügeln. Der Wettläufer in ihm wird sich in seinem ganzen Gehaben verraten, meist nur in Kleinigkeiten, die gewöhnlich nicht auffallen, wenn man nicht die ganzen Zusammenhänge dieses Seelenlebens kennt. So, wenn diese Kinder immer an der Spitze einer Gruppe gehen oder es nicht vertragen können, wenn sich jemand vor ihnen aufstellt. Das Wettläufertum ist für den weitaus größten Teil der Jüngsten bezeichnend.

Dieser eine Typus von Jüngsten, der manchmal aus der Art schlägt, ist auch ganz rein ausgeprägt zu finden. Oft sind darunter tatkräftige Menschen, die es so weit gebracht haben, dass sie zuweilen zu Rettern der ganzen Familie geworden sind. Blicken wir zurück und betrachten wir zum Beispiel die biblische Geschichte, etwa die Josephslegende, so finden wir hier all dies in der wundervollsten Weise dargestellt, mit einer Absichtlichkeit und Klarheit, als ob sich die Schöpfer jener Legende im vollen Besitz dieser Kenntnisse befunden hätten, die wir heute so mühsam erringen. Sicherlich ist im Lauf der Jahrhunderte viel wertvolles Material verloren gegangen und muss nun immer wieder neu gefunden werden. Daneben gibt es noch einen anderen Typus, der sich aus dem ersteren sekundär herausbildet. Man denke sich, dass dieser Schnellläufer plötzlich auf ein Hindernis stoße, dessen Überwindung er sich nicht zutraut und nun einen Umweg einschlägt. Wenn ein solcher Jüngster den Mut verliert, dann wird er der ärgste Feigling, den man sich denken kann. Man findet ihn dann immer rückwärts, jede Arbeit wird ihm zu viel sein, er wird für alles eine Ausrede haben, sich an nichts heranwagen und so die Zeit vertrödeln. Er wird meist versagen und mit Mühe und Not ein Feld finden, auf dem eigentlich jede Konkurrenz schon im Vorhinein ausgeschlossen ist. Für seine Misserfolge wird er allerhand Ausreden vorbringen, wie dass er zu schwach, dass er vernachlässigt oder verzärtelt worden sei, dass ihn seine Geschwister nicht hätten aufkommen lassen und dergleichen. Verschärft können solche Schicksale noch werden, wenn er wirklich ein Gebrechen hat. Dann wird er daraus für sein Ausreißertum erst recht Kapital schlagen.

Gute Mitmenschen sind beide Typen meist nicht. Der erstere fährt allerdings besser in einer Zeit, wo das Konkurrieren noch irgendwelchen Wert genießt. Dieser Typus wird nur auf Kosten der andern im Gleichgewicht bleiben können, während der zweite zeitlebens unter dem drückenden Gefühl seiner Minderwertigkeit und unter seiner Unausgesöhntheit mit dem Leben leidet.

Auch der Älteste hat charakteristische Merkmale. Vor allem hat er den Vorteil einer ausgezeichneten Position für die Entwicklung seines Seelenlebens. Schon aus der Geschichte ist uns bekannt, dass er immer eine besondere, günstigere Position gehabt hat. Bei manchen Völkern und Volksschichten hat sich diese Vorzugsstellung traditionell erhalten. Es ist keine Frage, dass zum Beispiel bei der Bauernschaft der Erstgeborene schon von Kindheit an seine Berufung kennt, einmal den Hof zu übernehmen und dadurch sich in einer viel besseren Situation befindet als die andern, die mit der Empfindung aufwachsen, dass sie das Vaterhaus einmal verlassen müssen. Auch sonst wird in vielen Familien damit gerechnet, dass der älteste Sohn einmal Herr des Hauses sein werde. Auch wo diese Tradition nicht ins Gewicht fällt, wie bei den einfachen bürgerlichen oder in Proletarierfamilien, ist der Älteste wenigstens derjenige, dem so viel Kraft und Klugheit zugemutet wird, dass man ihn zum Mithelfer und zur Aufsichtsperson macht. Man muss sich vorstellen, was es für ein Kind bedeutet, in dieser Weise ununterbrochen mit dem ganzen Vertrauen der Umgebung beladen zu sein. Das erzeugt in ihm eine Stimmung, die sich ungefähr in Gedankengängen ausdrückt wie: »Du bist der Größere, Stärkere, Ältere, musst daher klüger sein wie die andern« und dergleichen.

Wenn die Entwicklung in dieser Richtung ohne Störung verläuft, dann werden wir beim Ältesten Züge finden, die ihn als Hüter der Ordnung charakterisieren. Solche Menschen haben ihre eigene, besonders hohe Wertschätzung für die Macht, sowohl für ihre eigene, persönliche Macht wie auch in ihrer Schätzung des Machtbegriffes. Für den Ältesten ist Macht etwas Selbstverständliches, etwas, das Gewicht hat und sich durchsetzen muss. Es lässt sich nicht verkennen, dass solche Menschen in der Regel auch einen konservativen Zug haben.

Bei den Zweitgeborenen findet sich das Streben nach Macht und Überlegenheit in einer eigenen Nuancierung. Sie stehen wie unter Dampf, streben überhitzt nach dem Vorrang, und auch in ihrem Verhalten wird man den Wettlauf gewahr, der für ihr Leben die Form abgibt. Der Zweitgeborene empfindet es als einen starken Anreiz, dass jemand vor ihm ist, der sich geltend macht. Ist er in der Lage, seine Kräfte zu entwickeln und mit dem Ersten den Wettkampf aufzunehmen, dann wird er gewöhnlich mit starkem Elan nach vorwärts drängen, während sich der Erste, im Besitze seiner Macht, verhältnismäßig sicher fühlt, bis ihm der andere über den Kopf zu wachsen droht. An dieses Bild werden wir lebhaft durch die Legende von Esau und Jakob erinnert. Hier sehen wir das Ruhelose, ein Streben, das weniger auf die Tatsachen ausgeht, sondern meist nur auf Schein, aber unbezwingbar, bis entweder das Ziel erreicht, der Vordermann überflügelt ist, oder nach misslungenem Kampf der Rückzug beginnt, der oft in Nervosität ausmündet. Die Stimmung des Zweiten ist dem Neid der besitzlosen Klassen vergleichbar, mit der vorherrschenden Stimmung des Zurückgesetztseins. Sein Ziel kann so hoch gesteckt sein, dass er sein Leben lang daran leidet und seine innere Harmonie vernichtet wird als Folge davon, dass er die wahren Tatsachen des Lebens zugunsten einer Idee, einer Fiktion, eines wertlosen Scheines übersehen hat. Ein älterer Knabe, der neben einer jüngeren Schwester aufwächst, hat oft einen schweren Stand. Oft wird sein Überlegenheitsgefühl so stark bedroht, dass er den Mut sinken lässt und schwer erziehbar oder neurotisch wird. In dem Wettrennen, das sich in der Regel zwischen den beiden entwickelt, steht das Mädchen viel mehr unter der Gunst der natürlichen Bedingungen: Es entwickelt sich körperlich und geistig schneller.

Auch das einzige Kind befindet sich in einer Situation von besonderer Art. Es ist den erzieherischen Angriffen seiner Umgebung voll ausgesetzt. Die Eltern haben sozusagen keine Auswahl, sie stürzen sich mit ihrem ganzen erzieherischen Elan auf dieses einzige Kind. Dieses wird in höchstem Grade unselbstständig, wartet immer, dass ihm jemand den Weg zeigt, es sucht stets nach einer Stütze. Vielfach verzärtelt, gewöhnt es sich daran, keine Schwierigkeiten zu erwarten, weil man sie ihm immer aus dem Weg geräumt hat. Da es sich immer im Mittelpunkt der Betrachtung befindet, bekommt es leicht das Gefühl, als etwas Besonderes zu gelten. Seine Position ist so schwierig, dass fehlerhafte Stellungnahmen fast unausweichlich sind. Wenn allerdings die Eltern wissen, welche Bedeutung solchen Situationen zukommt und was für Gefahren sie bergen, dann ist auch die Möglichkeit da, Verschiedenes zu verhindern. Eine schwierige Angelegenheit bleibt es aber immer. Oft sind es äußerst vorsichtige Eltern, die das Leben selbst als besonders schwer empfinden, daher mit übergroßer Vorsicht zu Werke gehen, was sich dem Kind vielfach als ein verstärkter Druck fühlbar macht. Die stete Besorgnis für das Wohlergehen des Kindes wird diesem den Gedanken nahelegen, ihm Anregungen ZU geben, sich die Welt feindlich zu denken. So wächst das Kind heran in ewiger Angst vor den Schwierigkeiten, die ihm bevorstehen, ungeübt, ohne Vorbereitung, weil man es immer nur vom Angenehmen des Lebens hat kosten lassen. Solche Kinder werden mit jeder selbstständigen Tätigkeit Schwierigkeiten haben und für das Leben untauglich werden. Sie können leicht Schiffbruch leiden. Manchmal ähnelt ihr Leben dem von Parasiten, die nur genießen, während andere alles für sie besorgen müssen.

Es sind auch andere Kombinationen möglich, in denen mehrere Geschwister gleichen oder verschiedenen Geschlechts miteinander konkurrieren. Desto schwieriger kann sich demgemäß die Beurteilung des einzelnen Falles gestalten. Besonders schwierig ist die Situation eines einzigen Knaben unter mehreren Mädchen. In einem solchen Haus dominiert der weibliche Einfluss, der Knabe ist meist stark in den Hintergrund gedrängt, besonders wenn er der Jüngste ist, und sieht sich bald einer geschlossenen Phalanx gegenüber. Sein Geltungsdrang begegnet bei seiner Betätigung großen Hindernissen. Von allen Seiten angegriffen, wird er sich des Privilegs, das unsere zurückgebliebene Kultur den Männern gibt, nie recht bewusst werden und unsicher werden. Die
Verschüchterung kann so weit gehen, dass er gelegentlich die männliche Stellung als die schwächere empfindet. Sein Mut und sein Selbstvertrauen kommen leicht ins Wanken, oder dieser Stachel wirkt so heftig, dass sich der Knabe zu großen Leistungen aufschwingt. Beide Fälle entspringen der gleichen Situation. Was schließlich aus solchen Knaben wird, ist natürlich durch die näheren Umstände bedingt. Einen einheitlichen Zug kann man aber wohl nie ganz bei ihnen vermissen.

Wir sehen, wie durch die Position des Kindes alles, was es ins Leben mitbekommt, geformt und gefärbt wird. Durch diese Feststellung erscheint insbesondere auch die für die erzieherische Tätigkeit so außerordentlich schädliche Hereditätslehre depossediert. Es gibt allerdings Zusammenhänge, Fälle, in denen die Einwirkung erblicher Einflüsse unzweifelhaft festzustehen scheint, so zum Beispiel wenn ein Kind, das ganz außerhalb der Beziehungen zu seinen Eltern aufwächst, dennoch ähnliche oder gleichartige Züge aufweist. Das Befremden darüber weicht aber sofort einem besseren Verständnis, wenn wir uns erinnern, wie naheliegend gewisse Irrtümer in der Entwicklung eines Kindes sind, das zum Beispiel körperlich schwach zur Welt kommt, bei dem durch die Schwäche seiner Organe im Verhältnis zu den Anforderungen der Umgebung eine Spannung hervorgerufen wird, genau wie beim Vater, der vielleicht ebenfalls mit schwachen Organen zur Welt gekommen ist. Unter diesen Gesichtspunkten erscheint die Lehre von der Erblichkeit der Charakterzüge als überaus schwach fundiert« (Adler, A., 2002[1927], 129–134).

17 Der Zusammenhang von kognitiven Strukturen und Handlungskompetenzen (J. Piaget)

»Niemand hat mehr zu unserem Wissen darüber beigetragen, wie Kinder denken, wie sie schlussfolgern und Probleme lösen, als Jean Piaget« (Zimbardo & Gerig, 1996, 462). Der Schweizer Psychologe und Erkenntnistheoretiker Jean Piaget (1896–1980) war vorwiegend in Genf tätig. Die von ihm und seinen Mitarbeitern und Mitarbeiterinnen vorgelegten Arbeiten werden daher der Genfer Schule der Entwicklungspsychologie zugerechnet.

Eines der zentralen Themen Piagets ist die Erforschung der kognitiven Entwicklung des Kindes. Seine Theorie zu diesem Forschungsgegenstand geht davon aus, dass die Ontogenese der kognitiven Funktionen in einem engen Wechselwirkungszusammenhang mit dem Erwerb von Handlungskompetenzen steht. In diesem Kontext werden Kognitionen in erster Linie als aktive Konstruktionen, d. h. nicht vordergründig als passive Widerspiegelungen verstanden. Die Stufen der kognitiven Entwicklung werden aus altersmäßig bestimmbaren, qualitativen Veränderungen der externen (›Handlungsschemata‹) und internen (›Repräsentationen‹) Bezugnahmen des Kindes zu seinen Umweltgegebenheiten abgeleitet. Die folgenden Auszüge enthalten

1. eine Zusammenfassung der »allgemeinen Faktoren, die der geistigen Entwicklung zugeschrieben werden«,
2. eine Kurzdarstellung der »Stadien der geistigen Entwicklung des Kindes«.

Ad 1:
»Bis dahin müssen wir uns mit der Erörterung der vier allgemeinen Faktoren begnügen, die bis jetzt der geistigen Entwicklung zugeschrieben werden:
1. Das organische Wachstum und besonders die Reifung des Komplexes Nervensystem-Hormonsystem. Es kann tatsächlich nicht daran gezweifelt

werden, daß einige Verhaltensweisen mehr oder weniger direkt von der einsetzenden Funktionstüchtigkeit bestimmter Apparate und Nervenbahnen abhängen. Das gilt für die Koordinierung des Sehens und des Greifens mit ungefähr 4½ Monaten (Tournay); die organischen Bedingungen der Wahrnehmung sind erst in der Adoleszenz voll erfüllt, während die Netzhaut schon sehr früh leistungsfähig ist; die Reifung spielt während des ganzen geistigen Wachstums eine Rolle. Doch welche Rolle? Wir müssen gleich zugeben, daß wir über die Einzelheiten sehr wenig wissen und insbesondere die Reifungsbedingungen sozusagen gar nicht kennen, die die Ausbildung der großen operativen Strukturen ermöglichen. Dort, wo wir etwas wissen, sehen wir dann, daß die Reifung im wesentlichen darin besteht, neue Möglichkeiten zu schaffen, und folglich eine notwendige Bedingung für das Auftreten bestimmter Verhaltensweisen darstellt. Aber sie ist keine ausreichende Bedingung, denn die so geschaffenen Möglichkeiten müssen auch verwirklicht werden, und zu diesem Zweck muss die Reifung ergänzt werden durch ein funktionelles Einüben und ein Mindestmaß an Erfahrung. Je weiter schließlich die Erwerbungen von den senso-motorischen Ursprüngen entfernt sind, um so mehr ändert sich ihre Chronologie, und zwar nicht die Reihenfolge, aber der Zeitpunkt des Auftretens: diese Tatsache zeigt mit aller Deutlichkeit, daß die Reifung immer weniger allein am Werk ist und daß die Einflüsse des physischen oder sozialen Milieus an Bedeutung gewinnen. Mit einem Wort, die organische Entwicklung bildet sicher einen notwendigen Faktor, der insbesondere für die unveränderliche Reihenfolge der Stadien eine zweifellos wichtige Rolle spielt, doch sie erklärt nicht die ganze Entwicklung, sondern ist nur ein Faktor unter anderen.

2. Ein zweiter grundlegender Faktor ist die Rolle der Übung und der Erfahrung, die in der auf die Gegenstände ausgeübten Aktion (im Gegensatz zur sozialen Erfahrung) erworben werden. Dieser Faktor ist bis zur Ausbildung der logisch-mathematischen Strukturen ebenfalls wesentlich und notwendig. Es handelt sich um einen komplexen Faktor, und er erklärt nicht alles, was auch der Empirismus dazu sagen mag. Er ist komplex, weil es zwei Arten von Erfahrung gibt: a) die physische Erfahrung, die darin besteht, auf die Gegenstände einzuwirken, um ihre Eigenschaften abzuleiten (zum Beispiel zwei Gewichte unabhängig vom Volumen zu vergleichen), und b) die logisch-ma-

thematische Erfahrung, die darin besteht, auf die Gegenstände einzuwirken, aber um das Ergebnis der Koordinierung der Aktionen kennenzulernen (zum Beispiel wenn ein 5- bis 6jähriges Kind empirisch entdeckt, daß die Summe eines Systems unabhängig von der räumlichen Anordnung der Elemente oder ihrer Reihenfolge ist). In diesem Fall ist das Erkennen von der Aktion (die ordnet oder verbindet) und nicht von den Gegenständen abgeleitet, so daß die Erfahrung bloß die praktische und sozusagen motorische Phase dessen darstellt, was die spätere operative Deduktion sein wird: das hat nichts mehr zu tun mit der Erfahrung im Sinne einer Einwirkung des äußeren Milieus, denn es handelt sich im Gegenteil um ein konstruktives Tun, das das Subjekt auf die äußeren Objekte ausübt. Was die physische Erfahrung angeht, so ist sie nicht eine bloße Aufzeichnung des Gegebenen, sondern sie stellt eine aktive Strukturierung dar, denn sie ist immer Assimilation an logisch-mathematische Rahmen (zwei Gewichte vergleichen setzt eine »Bezug«setzung, also den Aufbau einer logischen Form voraus). [...]
3. Der dritte grundlegende Faktor, der aber allein auch wieder nicht genügt, sind die sozialen Interaktionen und Übermittlungen. Er ist notwendig und wesentlich, aber er genügt aus denselben Gründen nicht, auf die wir eben bei der physischen Erfahrung hingewiesen haben. Einerseits ist die Sozialisierung eine Strukturierung, zu der das Individuum ebensoviel beiträgt, wie es erhält: daher die Solidarität und der Isomorphismus zwischen den »Operationen« und der »Kooperation« (um es mit ein oder zwei Wörtern zu sagen). Andererseits ist die soziale Aktion sogar im Falle von Übermittlungen, bei denen das Subjekt noch am meisten als aufnehmend erscheint, etwa die Übermittlung in der Schule, unwirksam ohne eine aktive Assimilation des Kindes, was adäquate operative Werkzeuge voraussetzt.
4. Doch drei ungleichartige Faktoren ergeben keine gelenkte Entwicklung mit so einfacher und regelmäßiger Richtung wie die der drei großen aufeinanderfolgenden Strukturen. Da die Rolle des Subjekts und der allgemeinen Koordinierungen der Aktion in dieser Entwicklung bekannt ist, könnte man an einen aprioristisch oder nach einer inneren Finalität zum voraus festgelegten Plan denken. Doch ein apriorischer Plan kann sich biologisch nur durch die Mechanismen der Angeborenheit und der Reifung verwirklichen: wir haben aber gesehen, daß sich die Tatsachen so nicht ausreichend erklären

lassen. Was die Finalität betrifft, so ist sie ein subjektiver Begriff, und eine gelenkte Entwicklung (das bedeutet eine Entwicklung, die einer Richtung folgt, und sonst nichts) setzt nicht notwendig einen vorbestimmten Plan voraus: als Beispiel sei die thermodynamische Entropie mit ihrer Tendenz zum Ausgleich genannt. Im Falle der Entwicklung des Kindes gibt es keinen zum voraus festgelegten Plan, sondern einen fortschreitenden Aufbau, so daß jede Neuerung nur aufgrund der vorausgehenden möglich wird. Man könnte sagen, der zum voraus festgelegte Plan werde durch das Modell des erwachsenen Denkens nahegelegt, aber der junge Mensch versteht dieses nicht, bevor er es nicht rekonstruiert hat, und dieses Denken selbst stellt die Resultante eines ununterbrochenen Aufbaus während Generationen dar, die alle eine Kindheit durchlaufen haben: die Erklärung der Entwicklung muß also diese beiden Dimensionen berücksichtigen, eine ontogenetische und eine soziale im Sinne der Übermittlung der jeweiligen Arbeit von Generationen, doch das Problem stellt sich in zum Teil analoger Weise, denn hier wie dort ist die zentrale Frage die nach dem inneren Mechanismus eines jeden Konstruktivismus.

Ein solcher innerer Mechanismus (der aber nicht auf Angeborenheit und einen zum voraus festgelegten Plan zurückgeführt werden kann, denn es gibt einen wirklichen Aufbau) ist tatsächlich bei jeder Teilkonstruktion und bei jedem Übergang von einem Stadium zu einem anderen beobachtbar: er ist ein Ausgleichsprozeß, nicht im Sinne eines bloßen Gleichgewichts der Kräfte wie in der Mechanik oder einer Zunahme der Entropie wie in der Thermodynamik, sondern im Sinne, wie er heute dank der Kybernetik bekannt ist, einer Selbstregulierung, das heißt einer Folge von aktiven Kompensationen des Subjekts als Antwort auf die äußeren Störungen und einer gleichzeitig rückwirkenden (Rückkopplungssysteme oder Feedbacks) und vorausgreifenden Regulierung, die ein permanentes System solcher Kompensationen darstellt« (Piaget, J.& Inhelder, B., 1986 [1966], 152–155).

Ad 2:
»Wir wollen die geistige Entwicklung des Kindes nunmehr in drei große Phasen aufteilen:

I. Die Phase der sensomotorischen Intelligenz

Diese erste Phase erstreckt sich von der Geburt bis zum Einsetzen des Sprechens, d. h. etwa über die ersten zwei Lebensjahre. Wir unterscheiden sechs Stadien:

1. Übung der Reflexe: bis zum Alter von 1 Monat.
2. Erste Gewohnheiten: erste feste Konditionierungen und »primäre« Zirkulärreaktionen (d. h. solche, die auf den eigenen Körper bezogen sind, wie z. B. das Daumenlutschen): 1 bis 4 1/2 Monate.
3. Koordinierung des Sehens und Greifens, erste »sekundäre« Zirkulärreaktionen (d. h. auf manipulierte Körper bezogen). Beginnende Koordinierung der qualitativen, bis dahin heterogenen Räume, ohne Suchen verschwundener Gegenstände; einsetzende Unterscheidung zwischen Zielen und Mitteln. Der Erwerb eines neuen Verhaltens ist nicht zielbestimmt: 4 1/2 bis 8 oder 9 Monate.
4. Koordination der sekundären Verhaltensschemata und u. U. Anwendung bekannter Verhaltensschemata zur Erreichung eines neuen Ziels (der Säugling verfügt über mehrere mögliche Mittel für ein und dasselbe Ziel und kennt mehrere mögliche Ziele für ein und dasselbe Mittel). Beginnendes Suchen nach einem verschwundenen Gegenstand, jedoch ohne Koordination der aufeinanderfolgenden Bewegungen und Standorte: 8–9 bis 11–12 Monate.
5. Differenzierung der Verhaltensschemata durch die »tertiäre« Zirkulärreaktion (Variation der Situation durch gezielte Exploration und Ausprobieren) und Entdeckung neuer Mittel. Beispiele: Verwendung der Unterlage (an einer Decke ziehen, um einen auf ihr befindlichen Gegenstand zu sich heranzuholen: negative Reaktion, wenn Gegenstand neben oder über der Unterlage), Verwendung der Schnur oder des Stocks (durch Ausprobieren). Suchen nach dem verschwundenen Gegenstand und Lokalisierung gemäß den aufeinanderfolgenden wahrnehmbaren Ortsveränderungen. Beginnender Aufbau der »praktischen Bewegungsgruppe« (Umwege und aktive Kehrtwendungen): 1–12 bis 18 Monate.
6. Beginnende Verinnerlichung und Lösung verschiedener Probleme mit Unterbrechung der Handlung und plötzlichem Begreifen. Z. B. Verwendung des Stocks, soweit sie nicht durch Ausprobieren im Verlauf des 5. Stadiums erworben wurde. Verallgemeinerung der praktischen Bewegungsgruppe und

Einbeziehung verschiedener nicht wahrnehmbarer Bewegungen ins System: 18 bis 24 Monate. Vergleicht man diese sechs Stadien mit denen des späteren vorstellungsmäßigen Denkens, so fällt auf, daß erstere – um mit unserem Präsidenten Michotte zu sprechen – das Urbild der letzteren sind (der Vorwegnahme des Begrifflichen vergleichbar, von der er hinsichtlich der Wahrnehmung spricht). Wir beobachten nämlich auf dieser praktischen Ebene eine Organisation der Bewegungen und Ortsveränderungen, die sich, nachdem sie zunächst ausschließlich auf den eigenen Körper bezogen sind, nach und nach dezentrieren und so in einen Raum einordnen, in dem das Kind sich als ein Teil unter anderen begreift (bzw. in ein System permanenter Gegenstände, das seinen Körper neben anderen umfaßt). Wir haben es hier im Kleinen und auf praktischer Ebene mit dem gleichen Prozeß fortschreitender Dezentrierung zu tun, dem wir in der Folge auf der Ebene der Vorstellung begegnen, nun in Form von geistigen Operationen und nicht von einfachen praktischen Handlungen.

II. Die Vorbereitungs- und Aufbauphase der konkreten Operationen der Klassen, der Beziehungen und der Zahl

Wir wollen als konkrete Operationen jene bezeichnen, deren Gegenstand manipulierbare Objekte sind (aktualisierte oder unmittelbar vorstellbare Manipulationen) im Gegensatz zu Operationen, die sich auf Hypothesen oder rein verbale Aussagen erstrecken (Aussagenlogik). In dieser Phase, die vom 2. bis zum 11. oder 12. Lebensjahr reicht, lassen sich unterscheiden: eine Teilphase A der funktionalen Vorbereitung der Operationen, die aber noch eine präoperationelle Struktur aufweist, und eine Teilphase B der eigentlichen operationellen Strukturierung.

A. Die Teilphase der präoperationellen Vorstellungen
Diese Teilphase läßt sich ihrerseits in drei Stadien unterteilen:
1. Vom 2. Lebensjahr bis zum Alter von 3 1/2 oder 4 Jahren: Auftreten der Symbolfunktion und Anfänge der Verinnerlichung der Handlungsschemata in Form von Vorstellungen. Die Denkvorgänge dieses Stadiums sind am wenigsten erforscht, denn vor dem Alter von 4 Jahren ist es unmöglich, das Kind in einer geschlossenen Unterhaltung zu befragen: dieses Unver-

mögen ist jedoch an sich bezeichnend. Auf der positiven Seite verzeichnen wir: 1.) Das Einsetzen der Symbolfunktion in ihren verschiedenen Formen: Sprache, symbolisches oder Vorstellungsspiel im Gegensatz zu den bis dahin einzig möglichen Übungsspielen, verschobene Nachahmung und, allem Anschein nach, erste geistige Bilder (verinnerlichte Nachahmung). 2.) Erste Vorstellungen: Schwierigkeit, die im Bereich der praktischen Handlung bereits wirksamen Schemata von Gegenstand, Raum, Zeit und Kausalität auf den fernen Raum und die nicht gegenwärtige Zeit anzuwenden.
2. Vom 4. Lebensjahr bis zum Alter von 5 1/2 Jahren: Ausbildung von Vorstellungsschemata, sei es auf der Grundlage statischer Gestalten, sei es durch Assimiliation an die Eigentätigkeit. Die ersten Vorstellungsstrukturen sind auf dieser Ebene, wie die Befragungen zu den manipulierten Gegenständen zeigen, durch die Dualität der Zustände und der Veränderungen gekennzeichnet: erstere werden in Form von Gestalten erfaßt, (vgl. die Bedeutung der Wahrnehmungsgestalten, der bildhaften Sammlungen usw. auf dieser Ebene der Nicht-Erhaltung der Mengen, Quantitäten usw.), letztere praktischen Handlungen assimiliert.
3. Vom Alter von 5 1/2 bis zum 7. oder 8. Lebensjahr: artikulierte Abstimmung der Vorstellungsschemata. Übergangsphase von der Nicht-Erhaltung zur Erhaltung (Invarianz). Anfänge der Herstellung von Beziehungen zwischen Zuständen und Veränderungen dank vorstellungsmäßiger Regulationsmechanismen, mit deren Hilfe die Veränderung als semi-reversibel gedacht werden können (Beispiel: zunehmende Artikulierung der Klassifikationen, der Reihen usw.).

B. Die Teilphase der konkreten Operationen
Diese Teilphase erstreckt sich vom 7. oder 8. bis zum 11. oder 12. Lebensjahr. Sie ist gekennzeichnet durch eine Reihe der Vollendung zustrebender Strukturen, die man dank besserer Kommunikationsmöglichkeiten mit dem Kinde aus der Nähe untersuchen und ihrer Form nach analysieren kann. Logisch gesehen sind sie allesamt auf die von mir genannten »Gruppierungen« zurückzuführen, d. h. es sind weder Gruppen noch »Verbände« (man könnte sie als Teilverbände bezeichnen, insofern es den einen an der unteren Grenze, den anderen an der oberen Grenze ermangelt): hierzu gehören die Klassi-

fikationen, die Reihungen, die Glied-um-Glied-Entsprechungen, die einfachen oder geordneten Entsprechungen, die multiplikativen Operationen (Matrizes) usw. Hinzu kommen die arithmetischen Gruppen der Addition und Multiplikation der ganzen Zahlen und der Bruchzahlen.

III. Die Phase der formalen Operationen

So kommen wir zur dritten und letzten Periode, der der formalen Operationen. Sie beginnt mit 11 oder 12 Jahren (1. Stadium) und erreicht ihre Gleichgewichtsstufe etwa mit 13 oder 14 Jahren (2. Stadium). Dabei ist sie durch eine Unmenge äußerst vielfältiger und relativ rasch auftretender Veränderungen gekennzeichnet. Diese Ergebnisse verdanken wir insbesondere den glänzenden Untersuchungen Fräulein Inhelders über das induktive Urteil sowie die experimentelle Methode bei Kindern und Heranwachsenden. Es treten in diesem Alter tatsächlich so unterschiedliche Operationen in Erscheinung wie die folgenden: Da sind zunächst die Kombinationen. Bis dahin gibt es nur einfache Verschachtelungen der Mengen und elementare Operationen, es fehlt hingegen das, was die Mathematiker »Mengen von Teilen« nennen, die jedoch den Ausgangspunkt für diese Kombinatorik bilden. Diese wirkliche Kombination setzt dagegen mit 11–12 Jahren ein und erzeugt die Verbandstruktur. Gleichzeitig beobachten wir die Ausbildung des Proportionsverständnisses und der Fähigkeit, über die Strukturen des mechanischen Gleichgewichts usw. gleichzeitig nach Maßgabe zwei verschiedener Bezugssysteme zu urteilen und sie sich vorzustellen. Betrachten wir z. B. die verschiedenen Bewegungen einer Schnecke auf einem Brett, das sich in entgegengesetzter Richtung zur Schnecke bewegt und die Berechnung der Resultante dieser Bewegungen im Hinblick auf das Verhältnis der Bewegungen zueinander und zu einem äußeren Bezugssystem. Hier werden (ebenso wie im Fall der mechanischen Gleichgewichtszustände usw.) vier koordinierte Operationen wirksam: eine direkte Operation (I) und ihre Umkehrung (N), wie auch die direkte Operation und die Umkehrung des anderen Systems, die den Kehrwert zum ersten darstellen (R) sowie die Negation dieses Kehrwerts odes das Korrelat (NR = C). Diese Gruppe der vier Veränderungen INRC tritt auf verschiedenen Gebieten in Erscheinung, in logisch-mathematischen Problemen wie auch, unabhängig von Schulkenntnissen, in Proportionsproblemen. Insbesondere aber beobachtet man auf dieser letzten Stufe den Aufbau der Prädikatenlogik. d. h., der Fähigkeit, über Aussagen und Hypothesen und nicht mehr ausschließlich über unmittelbar wahrnehmbare oder vorgestellte Gegenstände zu urteilen. Nun setzt die Prädikatenlogik gleichfalls den kombinatorischen Verband sowie die Gruppe der vier Transformationen (INRC) voraus, d. h. die beiden komplementären Aspekte einer neuen Gesamtstruktur, die die Gesamtheit der auf dieser Stufe erworbenen Handlungsmechanismen umfaßt.

Abschließend läßt sich sagen, daß diese drei großen Phasen mit ihren charakteristischen Stadien aufeinanderfolgende Gleichgewichtsprozesse, Schritte auf das Gleichgewicht zu darstellen. Sobald das Gleichgewicht in einer Hinsicht erreicht ist, wird die Struktur in ein neues im Aufbau begriffenes System eingeordnet, bis ein neues, jeweils festeres und umfassenderes Gleichgewicht sich herausbildet. Es muß daran erinnert werden, daß das Gleichgewicht durch die Reversibilität bestimmt ist. Wenn wir also von einem zunehmenden Gleichgewicht sprechen, so heißt das, daß die geistige Entwicklung durch wachsende Reversibilität gekennzeichnet ist. Die Reversibilität ist das deutlichste Merkmal der der Umwege und Umkehrungen fähigen Intelligenzhandlung. Sie nimmt also im Verlauf der oben zusammenfassend beschriebenen Stadien von Stufe zu Stufe zu. Sie kommt in zweifacher Gestalt zum Ausdruck: durch die Umkehrung (Inversion) oder Negation, die in der Klassenlogik , der Arithmetik usw. wirksam wird, einerseits; durch die Reziprozität, wie wir sie in den Operationen der Beziehungen antreffen, andererseits. Während der gesamten Phase der konkreten Operationen sind die Umkehrung und Reziprozität zwei nebeneinander bestehende Prozesse ohne Verbindung zu einem einheitlichen System. Mit der Gruppe der vier Veränderungen INRC hingegen fügen sich die Umkehrung, die Reziproke, die Negation der Reziproken und die Identität in ein Gesamtsystem dieser beiden bis dahin verbindungslos nebeneinander bestehenden Reversibilitätsformen zusammen.

Auf diesem bevorzugten Gebiet der geistigen Operationen gelangen wir mithin zu einem einfachen und geregelten System von Stadien, doch mag es andere Bereiche der Wahrnehmung geben, für die ich außerstande wäre, derartige Stadien anzugeben« (Piaget, J., 1993, 50–55).

18 Das Kind als Subjekt seiner eigenen Entwicklung (L. S. Wygotski)

Für den weißrussisch-sowjetischen Psychologen Lew S. Wygotski (1896–1934) sind sozial-kommunikative Interaktionen der wichtigste Schlüssel für die Entwicklung der kognitiven Funktionen des Kindes. Will man den kognitiven Entwicklungsstand eines Kindes bestimmen, dürfe man sich nicht auf die aktuell selbständig verfüg- und aktivierbaren Leistungen beschränken, sondern müsse die durch die Kommunikation (Anregungen, Hilfen, Unterweisungen etc.) potentiell erzielbaren, über das aktuelle Leistungsniveau hinausgehenden kognitiven Möglichkeiten in die Analyse einbeziehen. Wygotski spricht in diesem Zusammenhang von der ›Zone der nächsten [proximalen] Entwicklung‹. Die Konsequenzen dieses Ansatzes: Für die Ermittlung der kognitiven Fähigkeiten des Kindes ist die gängige Statusdiagnostik unzureichend; man muss systematisch Lernfähigkeitsdiagnostik betreiben. Für die pädagogische Praxis gelte, dass nur der Unterricht gut ist, der der Entwicklung vorauseilt.

»Die mit dem Unterricht im Zusammenhang stehenden psychologischen Untersuchungen beschränkten sich gewöhnlich darauf, das Niveau der geistigen Entwicklung des Kindes festzustellen. Den Entwicklungsstand eines Kindes allein mit Hilfe dieses Niveaus zu ermitteln ist jedoch unzureichend. Wie wird dieses Niveau gewöhnlich ermittelt? Man tut es mit Hilfe von Aufgaben, die von dem Kind selbständig gelöst werden. Dadurch erfahren wir, was das Kind im Augenblick weiß und kann, da nur Aufgaben berücksichtigt werden, die es selbständig gelöst hat. Es liegt auf der Hand, daß wir mit dieser Methode nur feststellen können, was bei dem Kind bis zum gegenwärtigen Augenblick ausgereift ist. Wir ermitteln nur das gegenwärtige Niveau seiner Entwicklung. Aber der Entwicklungsstand wird niemals davon bestimmt, was herangereift ist. Wie ein Gärtner, der den Zustand seines Gartens feststellen will, falsch handeln würde, wenn er ihn lediglich nach den Apfelbäumen beurteilte, die ausgereift sind und Früchte gebracht haben, anstatt auch die heranreifenden Bäume in Rechnung zu stellen, so muß der Psychologe bei der Beurteilung des Entwicklungsstandes nicht nur die herangereiften, sondern auch die heranreifenden Funktionen, nicht nur das gegenwärtige Niveau, sondern auch den Bereich kommender Entwicklung berücksichtigen. Wie soll das geschehen? Bei der Bestimmung des aktuellen Entwicklungsniveaus werden Aufgaben angewandt, die eine selbständige Lösung verlangen und nur für die bereits geformten und ausgereiften Funktionen kennzeichnend sind. Aber versuchen wir einmal, ein neues methodisches Verfahren anzuwenden. Nehmen wir an, wir hätten das geistige Alter zweier Kinder bestimmt, das acht Jahre beträgt. Wenn wir nicht dabei stehenbleiben, sondern zu ermitteln versuchen, wie die beiden Kinder Aufgaben lösen, die für die folgenden Altersstufen bestimmt sind, und die sie nicht selbständig lösen können, wenn wir ihnen durch Hilfsfragen den Beginn der Lösung usw. erleichtern, dann wird sich erweisen, daß eines der Kinder in der Zusammenarbeit Aufgaben bis zum 12. Jahr, das andere bis zu 9 Jahren löst. Diese Divergenz zwischen dem geistigen Alter oder dem aktuellen Niveau der Entwicklung, das mit Hilfe selbständig zu lösender Aufgaben bestimmt wird, und dem Niveau, das das Kind bei der nicht selbständigen, sondern gemeinschaftlichen Lösung von Aufgaben erreicht, bestimmt eben den Bereich der nächsten Entwicklung des Kindes. In unserem Beispiel wird diese Zone für das Kind durch die Ziffer 4, für das andere durch die Zahl 1 ausgedrückt. Dürfen wir annehmen, daß beide Kinder auf dem gleichen geistigen Niveau stehen und ihr Entwicklungsstand gleich ist? Offensichtlich nicht. Wie die Untersuchung zeigt, werden sich zwischen diesen beiden Kindern in der Schule viel mehr Unterschiede herausstellen, die durch die Abweichung in ihren Zonen der nächsten Entwicklung bedingt sind, als durch das gleiche gegenwärtige Entwicklungsniveau hervorgerufene Übereinstimmungen. Das wird sich in erster Linie in der Dynamik ihrer geistigen Entwicklung im Unterrichtsverlauf und in ihren relativen Leistungsergebnissen ausdrücken. Die Untersuchung zeigt, daß die Zone der nächsten Entwicklung für die Dynamik der intellektuellen Entwicklung und den Leistungsstand eine unmittelbarere Bedeutung besitzt als das gegenwärtige Niveau ihrer Entwicklung« (Wygotski, L. S., 1964, 212 f.).

19 Die ökologische Orientierung der Entwicklungspsychologie (U. Bronfenbrenner)

Der Name Urie Bronfenbrenner (1917–2005) steht für eine systematisch ökologische Orientierung der Entwicklungspsychologie. Theoretische Ansätze weiterführend, nach denen Entwicklung als Ergebnis der Interaktion von Person und Umwelt verstanden wird (Lewin, Piaget), entwirft Bronfenbrenner ein differenzierteres, forschungspraktisch handhabbares Umwelt-Konzept: Umwelt ist »ein Satz ineinandergeschachtelter Strukturen« (Bronfenbrenner, 1981, 19). In den folgenden Textpassagen werden diese Struktureinheiten definiert und expliziert (Definitionen 2–5). Die Aufeinanderfolgen von Entwicklungsstufe zu Entwicklungsstufe werden als »ökologische Übergänge« beschrieben (Definition 6).

»Die Ökologie der menschlichen Entwicklung befaßt sich mit der fortschreitenden gegenseitigen Anpassung zwischen dem aktiven, sich entwickelnden Menschen und den wechselnden Eigenschaften seiner unmittelbaren Lebensbereiche. Dieser Prozeß wird fortlaufend von den Beziehungen dieser Lebensbereiche untereinander und von den größeren Kontexten beeinflußt, in die sie eingebettet sind. [...]

Man muß sich die Umwelt aus ökologischer Perspektive topologisch als eine ineinandergeschachtelte Anordnung konzentrischer, jeweils von der nächsten umschlossener Strukturen vorstellen. Diese Strukturen werden als Mikro-, Meso-, Exo- und Makrosysteme bezeichnet und wie folgt definiert:

Definition 2 Ein Mikrosystem ist ein Muster von Tätigkeiten und Aktivitäten, Rollen und zwischenmenschlichen Beziehungen, die die in Entwicklung begriffene Person in einem gegebenen Lebensbereich mit den ihm eigentümlichen physischen und materiellen Merkmalen erlebt.

Ein entscheidender Terminus in der Definition des Mikrosystems ist das Wort »erlebt«. Ich möchte durch diesen Ausdruck deutlich machen, daß nicht nur die objektiven Eigenschaften der Umwelten wissenschaftlich relevant sind, sondern auch die Art und Weise, wie diese Eigenschaften von den Personen in diesen Umwelten wahrgenommen werden.

Definition 3 Ein Mesosystem umfaßt die Wechselbeziehungen zwischen den Lebensbereichen, an denen die sich entwickelnde Person aktiv beteiligt ist (für ein Kind etwa die Beziehungen zwischen Elternhaus, Schule und Kameradengruppe in der Nachbarschaft; für einen Erwachsenen die zwischen Familie, Arbeit und Bekanntenkreis).

Ein Mesosystem ist somit ein System von Mikrosystemen. Es wird gebildet oder erweitert, wenn die sich entwickelnde Person in einen neuen Lebensbereich eintritt.

Definition 4 Unter Exosystem verstehen wir einen Lebensbereich oder mehrere Lebensbereiche, an denen die sich entwickelnde Person nicht selbst beteiligt ist, in denen aber Ereignisse stattfinden, die beeinflussen, was in ihrem Lebensbereich geschieht, oder die davon beeinflußt werden.

Beispiele eines Exosystems eines kleinen Kindes sind der Arbeitsplatz der Eltern, die Schulklassen älterer Geschwister oder der Bekanntenkreis der Eltern.

Definition 5 Der Begriff des Makrosystems bezieht sich auf die grundsätzliche formale und inhaltliche Ähnlichkeit der Systeme niedrigerer Ordnung (Mikro-, Meso- und Exo-), die in der Subkultur oder der ganzen Kultur bestehen oder bestehen könnten, einschließlich der ihnen zugrunde liegenden Weltanschauungen und Ideologien.

Definition 6 Ein ökologischer Übergang findet statt, wenn eine Person ihre Position in der ökologisch verstandenen Umwelt durch einen Wechsel ihrer Rolle, ihres Lebensbereichs oder bei der verändert.

Solche ökologischen Übergänge kommen das ganze Leben lang vor. Ich will nur einige nennen: Eine Mutter hält ihr Kind zum erstenmal im Arm –

Mutter und Kind kommen aus der Klinik nach Hause – Babysitter lösen einander ab – das Kind geht in den Kindergarten – ein neues Baby wird geboren – die Kinder kommen in die Schule, werden versetzt, bestehen die Abschlußprüfung oder gehen vorher ab – man sucht eine Anstellung, wechselt oder verliert sie – man heiratet, beschließt, ein Kind zu bekommen, Verwandte ziehen ein (und aus). Die Familie kauft das erste Auto, ein Fernsehgerät, ein eigenes Haus – Ferien, Reisen, Umzug – Scheidung, neue Heirat, Berufswechsel, Emigration. Oder noch allgemeinere Themen: Man wird krank und geht ins Krankenhaus, wird wieder gesund und kehrt in den Beruf zurück – Pensionierung und schließlich der Tod als letzter Übergang für alle« (Bronfenbrenner, U., 1981, 37–43).

20 Das Selbstverständnis der Entwicklungspsychologie in neuerer Zeit (R. K. Silbereisen, M. Rutter, R. D. Parke)

Anlässlich der Jahrhundert- bzw. Jahrtausendwende 1999/2000 und eines fachhistorischen Jubiläums 2004 erschienen in der einschlägigen Fachliteratur, ausgehend von Rückbesinnungen auf das vergangene Jahrhundert, mehrere Artikel über mögliche Perspektiven und Trends einer künftigen Entwicklungspsychologie. Auszüge aus drei Arbeiten dieser Art sollen im folgenden exemplarisch vorgestellt werden:

1. ein in einem als ›Standortbestimmung‹ apostrophierten Sammelwerk mit dem Titel ›Perspektiven der Psychologie‹ enthaltener Aufsatz ›Was wird aus der Entwicklungspsychologie?‹ von R. K. Silbereisen,
2. ein kurzer Auszug aus einer Präsidial-Ansprache des US-amerikanischen Entwicklungspsychologen M. Rutter in der Fachzeitschrift ›Child Development‹ (Übersetzung: G. E.),
3. ein Auszug aus einem Festreferat ›The Society for Research in Child Development at 70‹ von R. D. Parke in o. g. Zeitschrift (Übersetzung: G. E.).

Der letztgenannte Artikel enthält einen Abschnitt ›Ein Blick in die Zukunft‹ (›A Look toward the Future‹). Parke skizziert in diesem Abschnitt die Herausforderungen, vor denen angesichts der gegenwärtig stattfindenden und in Zukunft sich rasant verstärkenden *globalen* Prozesse des demographischen Wandels eine ›reife‹ entwicklungspsychologische Forschung und Praxis steht. ›Kultur‹, ›Ethnizität‹, ›sozioökonomische Bedingungen‹ werden zentrale Bezugskategorien der Forschung. Dem Konzept ›Akkulturation‹ komme eine besondere Bedeutung zu.

»Perspektiven für die nähere Zukunft
Was wird die nähere Zukunft bringen? Sie zu erahnen und ihre frühen Vorboten bekanntmachen zu helfen, ist der Ehrgeiz jedes Zeitschriftenherausgebers. [...] Ich glaube, daß ein Leitthema die Untersuchung der Art und Weise sein wird, wie biologische Prozesse und ihre genetische Basis mit ökologischen und kulturellen Aspekten der Umwelt zusammenwirken in der Entwicklung lebenslanger Adaptionen. [...] Die Erwartung ist, daß die künftige Entwicklungspsychologie in vielen Bereichen und Themen solche auf alle Ebenen des Systems abhebenden Analysen vermehrt durchführen wird. [...] Intergenerationale Analysen von Entwicklungsverläufen und -ergebnissen werden zunehmen. [...] Notwendigerweise werden sich neue Arbeitsteilungen und neue Zuschneidungen von Disziplinen ergeben, die sich mit Entwicklung beschäftigen. Genannt seien nur die Neurowissenschaften oder auch die Anthropologie. Die Verhaltensentwicklung wird zunehmend auch unter evolutionärer Perspektive gesehen. [...] Anders als bislang noch ist weiterhin anzunehmen, daß entwicklungspsychologische Forschung komparative Perspektiven verfolgt, und zwar nicht nur vergleichend zwischen Kulturen, sondern ebenso innerhalb von Gesellschaften hinsichtlich der Unterschiede zwischen ethnischen Gruppen oder sozialen Schichtungen. [...] Zu erwarten ist eine besondere Beachtung gesellschaftlicher Transformationsprozesse. Hier ist sicher ein neuer Anstoß mit politischen und technologischen Veränderungen in der Welt zu rechnen, wobei sich erneut eine biopsychosoziale Perspektive durchsetzen wird. Den Anlaß stellen nicht nur herausragende Geschehnisse wie der Zusammenbruch ganzer Gesellschaftssysteme dar, sondern auch die Zunahme von Depressionen und anderen Störungen adaptiver Entwicklung. [...] Schließlich darf man erwarten, daß die Notwendigkeit zum lebenslangen Lernen einen neuen Schub anwendungsorientierter entwicklungspsychologischer Forschung auslösen wird« (Silbereisen, R. K., 1996, 35–40).

»Das Wichtigste wird sein, Genetik, Umweltforschung und Entwicklungsstudien zusammen zu bringen. Diese drei Bereiche blieben bisher bedauerlicherweise zum größten Teil getrennt. Es ist äußerst wichtig, dass sie untereinander viel besser integriert werden. Um diese gigantische Aufgabe zu bewältigen, ist die Anwendung einer Reihe von unterschiedlichen Forschungsstrategien erforderlich. Die Lösungen werden nicht von der Genetik allein gegeben und auch nicht von der Umweltforschung allein und auch nicht von Entwicklungsstudien allein. Auf die Verknüpfung aller drei kommt es an. Es wird notwendig sein, die Kompetenzen, die jedem der unterschiedlichen Erklärungsansätze zukommen, zu erkennen« (Rutter, M., 2002, 15, Übersetzung G.Eckardt).

Ein Blick in die Zukunft
Ungeachtet meiner Einschätzung, dass wir in der Tat Fortschritte erzielt haben, müssen wir dennoch fragen, was das Kennzeichen einer ›reifen‹ Entwicklungswissenschaft ist. In diesem Zusammenhang nenne ich einige Themen, die für einen kontinuierlichen Fortschritt auf unserem Gebiet von Bedeutung sind. [...] Wir brauchen eine stärker ausgeprägte kulturelle Sensitivität, als wir sie vor 70 Jahren hatten, und wir brauchen ein neues Forschungsparadigma, durch das das vorherrschende Paradigma des Einzelforscher-Modells abgelöst wird.

Jenseits der Weißen und der Mittelklasse – die Notwendigkeit einer breitgefächerten kulturellen Entwicklungsforschung
Vor mehr als einem Jahrzehnt hat Graham (1992) in einem Grundsatzartikel ›Die meisten Versuchspersonen waren Weiße und Angehörige der Mittelklasse‹ die relative Vernachlässigung anderer rassischer, ethnischer und sozialökonomischer Gruppierungen in unseren akademischen Untersuchungen und Publikationen dokumentiert. [...] Obwohl sich die Situation gebessert hat, sind die Forschungen zur kindlichen Entwicklung noch weit davon entfernt, der zentralen Rolle der Kultur für die Entwicklung in vollem Maße gerecht zu werden. Eine Übersicht über die im letzten Jahrzehnt in ›Child Development‹ veröffentlichten Artikel zeigt, dass Minderheitsgruppen stark unterrepräsentiert sind. [...] Wie eine neue Arbeit von Nisbett et al. (2001) zeigt, ist die ethnische Zugehörigkeit wichtig für das Verständnis kognitiver und perzeptiver Basisprozesse und noch wichtiger für soziale und politikrelevante Bereiche. [...]

Jenseits einer intergruppen-vergleichenden Kinderpsychologie. Theoretische Fragen
Wir haben beachtliche Fortschritte in unserer theoretischen Konzeptualisierung kultureller Unterschiede in der kindlichen Entwicklung erzielt. Anstelle einer ausschließlichen Orientierung an Defizitmodellen, bei denen gewöhnlich Zwei-Gruppen-Vergleiche angestellt werden, meist europäische Amerikaner vs. ethnische Minderheiten, verschiebt sich der Blickwinkel auf die Kinder einer ethnischen Minderheit von der Mehrheit-Minderheit-Perspektive hin zum Verständlichmachen der Anpassungsstrategien, die ethnische Minderheiten in Reaktion auf kulturelle Einflüsse sowohl der Mehrheit als auch der Minderheit auf ihre Entwicklung leisten. Das neue Paradigma anerkennt den Wert von Intragruppen-Untersuchungen einschließlich einer einzelnen ethnischen Gruppe als legitime Forschungsstrategie und verschiebt den Akzent weg von einem bloßen Nachweis von Gruppendifferenzen hin zu einer Betonung der Prozesse, auf die die Unterschiede in den Entwicklungsgängen verschiedener Kinder in der gleichen Gruppe zurückzuführen sein können. […] Eng verbunden mit dieser Verschiebung auf eine Intragruppen- gegenüber einer Intergruppen-Perspektive ist die Erkenntnis der dynamischen Natur kultureller Veränderung. Weder historische noch kulturelle Zusammenhänge sind statisch. […] Der Begriff ›Akkulturation‹ umschreibt diesen dynamischen Charakter von Kultur und Ethnizität. Die Akkulturation von Individuen erfolgt auf unterschiedlichen Niveaus, abhängig von einer Menge Faktoren, wie z. B. Verweildauer in der Mehrheitskultur, geographische Entfernung vom Ursprungsland, Alter zum Zeitpunkt der Einwanderung, Sprache, allgemeines Fähigkeitsniveau, berufliche Herkunft, Möglichkeiten, die Bindungen zur angestammten Kultur aufrecht zu erhalten usw. Akkulturation vollzieht sich nicht in gleichmäßiger Weise für alle Individuen, selbst nicht innerhalb der gleichen Familie. Wir dürfen Akkulturation nicht einfach als ein individuelles Konstrukt auffassen, sondern als ein dyadisches bzw. familienumspannendes Konstrukt. Ein volles Verständnis der ethnischen Unterschiede auf intragruppaler Ebene erfordert eine Neufassung dieses Konstrukts« (Parke, R. D., 2004, 10 f., Übersetzung: G. Eckardt).

III Die Pädagogische Psychologie und ihre Bezugssysteme

21 Erwartungen der Pädagogik an die junge Experimentalpsychologie (W. Rein)

Im 4. Viertel des 19. Jahrhunderts nahm die Psychologie die Konturen einer experimentell arbeitenden Wissenschaft an (W. Wundt, Institutsgründung 1879). Dieses Ereignis übte merkliche Einflüsse auf andere Wissensgebiete aus, so auch auf die Pädagogik. Einer ihrer einflussreichen Vertreter war Wilhelm Rein (1847–1929), ein Herbartianer, der in Jena als erster eine ordentliche Professur für Pädagogik an einer deutschen Universität erhielt. Unter ausdrücklicher Bezugnahme auf die experimentelle Psychologie strebte er eine Verwissenschaftlichung der Pädagogik an. Die experimentelle Psychologie konnte freilich den Erwartungen, die er an sie hatte, nicht gerecht werden. Ein ungebrochener Transfer der unter Laborbedingungen gewonnenen experimentalpsychologischen Ergebnisse auf die Komplexität pädagogischer Situationen war nicht möglich. Zu groß war das »Mißverhältnis zwischen der rigorosen Vereinfachung der experimentellen Bedingungen und der Komplexität pädagogischer Situationen« (Weinert, 1974, 42).

»Unter der Voraussetzung, daß die Seele des Menschen nach bestimmten Gesetzen arbeitet, unter der Annahme, daß im psychischen Geschehen die gleiche Gesetzmäßigkeit herrscht wie in dem physischen – unter dieser Voraussetzung wird es nur einen naturgemäßen Weg im Unterricht geben können, nämlich denjenigen, der genau nach den Gesetzen des menschlichen Geistes sich richtet und alle seine Veranstaltungen diesen Gesetzen gemäß einrichtet. Wer also im Besitz der Kenntnis und Einsicht in die Gesetze des psychischen Geschehens ist, der würde damit auch in den Besitz des rechten Weges für den Unterricht gelangen« (Rein, W., 1893, 107).

22 Pädagogische Psychologie als ›Experimentelle Pädagogik‹ (E. Meumann)

Während der *Pädagoge* W. Rein meint, die Pädagogik gewinne dadurch den Status einer Wissenschaft, dass sie sich strengen methodischen Standards angleicht, m. a. W. dem Vorbild der sich verselbständigenden experimentellen Psychologie nacheifert, vertritt der *Psychologe* Ernst Meumann (1862–1915) die Auffassung, dass die Pädagogik erst dann zu einer anerkannten Wissenschaft heranreift, wenn sie sich der Eigenständigkeit ihres Gegenstandes bewusst wird (heute spricht man auch vom ›Alleinstellungsmerkmal‹), nämlich: Pädagogik ist »die Wissenschaft von den Erziehungstatsachen«. Wegen der »besonderen Stellung«, welche dem Experiment in der so verstandenen ›Tatsachen‹-Forschung zukommt, nennt Meumann seine Konzeption ›experimentelle Pädagogik‹. De facto entsprechen die Untersuchungsgegenstände der ›experimentellen Pädagogik‹ denen der Pädagogischen Psychologie.

»Die Pädagogik ist weder angewandte Psychologie, noch angewandte Ethik, Logik oder dergleichen; sie ist unzweifelhaft eine selbständige Wissenschaft: die Wissenschaft von den Erziehungstatsachen. Mag sie noch soviel von den Resultaten der allgemeinen Psychologie, Pathologie, der Kinderforschung, Logik, Ethik, Ästhetik für ihre Zwecke gebrauchen, sie rückt doch alle diese Resultate unter einen neuen, nur von ihr angewandten Gesichtspunkt: den der Erziehung, und infolgedessen verändern sich auch alle scheinbar psychologischen, ethischen und anderen Probleme, wenn sie zu Erziehungsfragen werden. [...] Die Pädagogik ist daher ebensowenig angewandte Psychologie, wie die Physik angewandte Mathematik oder die Biologie angewandte Chemie und Physik ist« (Meumann, E., 1911, VI f).

Bei der Anwendung ›neuer Methoden‹ (z. B. Experiment) in der pädagogischen Forschung geht es nach Meumann nicht einfach nur um die Methoden als solche, sondern in erster Linie werden auf diese Weise neue *inhaltliche* Perspektiven und Fragestellungen erschlossen. Im folgenden Text wird dieser Sachverhalt erläutert und an einem Beispiel demonstriert.

Meumann, einst ›Assistent‹ an Wundts Institut für Psychologie in Leipzig, war von der Transfermöglichkeit empirisch-experimenteller Befunde in die pädagogische Praxis (konkrete Schritte zur Reform von Unterricht und Erziehung) überzeugt (u. a. Mitbegründer des ›Bundes für Schulreform‹).

»Es wird Ihnen bekannt sein, daß eine methodische Neuerung in der Wissenschaft niemals bloß eine Veränderung in den Methoden herbeiführt, vielmehr zieht jede neue Forschungsmethode auch neue materiale Probleme nach sich. So sind auch in der Psychologie wie in der Pädagogik durch die neue systematisch beobachtende und experimentelle Forschungsweise ganz neue Fragen und Forschungsgebiete entstanden, welche die frühere Pädagogik entweder überhaupt nicht kannte, oder deren Bedeutung sie wenigstens nicht erkannte. Die größte methodische und zugleich materiale Neuerung, welche die experimentelle Pädagogik mit sich brachte, ist die, daß wir alle Probleme der Pädagogik von dem erzogenen Menschen oder vom Zögling aus zu entscheiden suchen. Dieses »vom Zögling aus« hat man dabei nicht so zu verstehen, daß wir glaubten, alle pädagogischen Probleme durch die Untersuchung des Zöglings entscheiden zu können, sondern wir ordnen sie alle der Aufgabe der Bildung des Zöglings als dem herrschenden Gesichtspunkte unter. Es ist also der Gesichtspunkt der Individualpädagogik, d. h. das Verhältnis von Erzieher und Erzogenem, das wir in den Mittelpunkt der ganzen Erziehungswissenschaft stellen. [...] Einige Beispiele mögen dies klar machen. Die Methodik gibt dem Lehrer Vorschriften für seine Behandlung der einzelnen Lehrgegenstände, er soll z. B. beim Lesenlehren nach synthetischer oder analytischer Methode verfahren. Die Frage nun, welche von diesen beiden Methoden die zweckmäßigere ist, entscheiden wir dadurch, daß wir mittels des Experimentes festzustellen suchen, wie jede dieser beiden Methoden auf das Lesen lernende Kind einwirkt; bei welcher es schneller zum Ziele des geläufigen und fehlerlosen Lesens gelangt. In dieser Weise wird über jede methodische Vorschrift für den Lehrer entschieden, denn jede methodische Maßnahme enthält ja zugleich eine Einwirkung auf den jugendlichen Geist« (Meumann, E., 1911, 46–48).

23 Das erziehungsorientierte Programm einer Pädagogischen Psychologie (A. Fischer)

Aloys Fischer (1880–1937) verfasste 1917 einen programmatischen Aufsatz, in dem er Gegenstand und Aufgaben der Pädagogischen Psychologie zu bestimmen versuchte. Er legt Wert auf die Feststellung, dass der Pädagogischen Psychologie ein eigenständiges Forschungsprofil zukomme. Das heißt: Sie ist keine Allgemeine Psychologie zum Gebrauch für Lehrer. Als Ausgangspunkt, Zentralbegriff und Gegenstand der Pädagogischen Psychologie bestimmt er die Erziehung. Er deutet ferner an, dass eine so verstandene Pädagogische Psychologie Begründungen für schulreformerische Ansätze liefern könne.

Um der Verbreitung seiner pädagogischen Ideen in der Lehrerschaft eine institutionelle Basis zu geben, gründete er bereits 1910 das ›Pädagogisch-Psychologische Institut‹ des Münchener Lehrervereins. Im übrigen setzte er sich nachdrücklich für eine Akademisierung des Lehrerberufes ein. 1937 wurde er aus politisch-rassischen Gründen ›amtsenthoben‹.

»Was heute unter dem Namen »pädagogische Psychologie« an Fragestellungen, Methoden und Ergebnissen psychologischer Forschung zusammengefaßt zu werden pflegt, ist außerordentlich verschieden und rechtfertigt nicht immer die Namengebung, geschweige die Sonderung einer eigenen Disziplin aus dem Rahmen der Gesamtpsychologie. Gleichwohl wohnt aber dem Streben nach solcher Besonderung sachliches Recht inne, gibt es die pädagogische Psychologie als eine nach Idee, Aufgabengebiet und Bedeutung von reiner allgemeiner Psychologie, ebenso von differentieller und angewandter Psychologie unterschiedene Disziplin. Deshalb scheint es der Mühe wert, genauer zu zergliedern, was unter pädagogischer Psychologie tatsächlich verstanden wird und was unter ihr verstanden werden müsse, wenn sie als Sonderdisziplin Eigenrecht haben soll. [...] Pädagogische Psychologie ist weder allgemeine Psychologie, sei es auch in einer Darstellung für Lehrer und Pädagogen, noch Kindes-und Jugendpsychologie, noch genetische Psychologie, noch Psychologie des Pädagogen, d. h. Berufspsychologie des Lehrers, Erziehers und Erzieherstandes. [...] Die Psychologie erfüllt ihre Aufgabe nicht vollständig, wenn sie nicht auch diejenigen seelischen Vorgänge und Gestaltungen erforscht, welche in der Erziehung enthalten sind; die pädagogische Psychologie ist deshalb eine Psychologie der Erziehung in dem Sinn, in welchem wir von einer Psychologie der Kunst, des Großstädters, der Reklame, der Wirtschaft sprechen. Wie ersichtlich, kommt bei dieser Einstellung nur die Erkenntnisabsicht zur Geltung, nicht der Wunsch zu wirken, liegt der Nachdruck auf der psychologischen Einsicht, nicht auf der pädagogischen Nutzanwendung. [...] Versuchen wir nun, nach diesen Auseinandersetzungen und beispielmäßigen Hinweisen den Gehalt der Idee: Pädagogische Psychologie, ihr Aufgabengebiet und ihre Stellung im System der Wissenschaften kurz zusammenzufassen!

Pädagogische Psychologie ist die wissenschaftliche Erforschung der psychischen Seite der Erziehung; sie setzt Erziehungen und Erziehung als gegebene Tatsache voraus, und bemüht sich, diese eigenartige Realität, Erziehung genannt, auf ihre psychologischen Einschläge hin zu analysieren. In diesem Sinn handelt sie von den psychologischen Voraussetzungen. Grundlagen und Wirkungen aller Erziehungstechniken, von den psychischen Vorgängen in der erziehenden und in der Erziehung empfangenden Generation, von den psychischen Seiten aller dinglichen und institutionellen Erziehungsmittel, also von den psychologischen Seiten der Schulgesetze, Erziehungstraditionen, Unterrichtssysteme usw. Sie beschränkt sich ihrem Ursinn nach auf wissenschaftliche Erkenntnis eines bestimmten Gegenstandes, und dieser Gegenstand ist die Kulturtatsache: Erziehung. Sie unterscheidet sich aber von anderen auf diesen Gegenstand gerichteten Wissenschaften (z. B. von der systematischen Pädagogik oder von der Geschichte der Erziehung) dadurch, daß sie aus dem Gegenstand nur bestimmte Seiten herausgreift, eben alles, was in der Erziehung, im Erziehen und Erzogenwerden psychischer Vorgang ist, und daß sie demgemäß sich auch jener Methoden der Forschung und Begriffsbildung bedient, welche die psychologische Wissenschaft sowohl als generelle wie als differentielle Psychologie ausgebildet hat. [...] Pädagogische

Psychologie als Psychologie der Erziehung versucht allgemein die psychologischen Grundlagen und Bestandteile der Erziehungen zu erkennen und die Gesetzmäßigkeit in der Erziehung und Erziehungsentwicklung nach den Seiten festzulegen, die durch das Psychologische bestimmt werden. Von da aus wird verständlich, wie sie auch [...] dazu fortschreiten kann, die Fortbildung der Erziehung, die Erziehungsreform zu beraten« (Fischer, A., 1917, 5, 109, 111, 116–118).

24 Die thematische und methodische Bereicherung der Pädagogischen Psychologie durch die Sozialpsychologie (K. Lewin)

Zu den psychologischen Teildisziplinen, die einen nachhaltigen Einfluss auf die Pädagogische Psychologie ausübten, gehört die Sozialpsychologie. Eine zentrale Figur bei der Vermittlung dieses Einflusses war Kurt Lewin (1890–1947), der Begründer einer Feldtheorie des Psychischen. Nach dieser Theorie ist das Verhalten (und Erleben) eine Funktion der Wechselwirkung von Person und Umwelt: V = f (P, U).

Für die Heranwachsenden sind Kindergarten und Schule, Erzieher und Lehrer, Spielkameraden und Mitschüler, Kindergartengruppe und Schulklasse usw. wichtige Bereiche der ›psychologischen Umwelt‹. In Lewinscher Terminologie sind sie das ›pädagogische Feld‹. Dieses Feld zeichnet sich aus durch bestimmte ›Atmosphären‹ und ›soziale Klimata‹, die für die Persönlichkeitsbildung wichtig sind. ›Atmosphären‹ und ›soziale Klimata‹ in der Gruppe sind u. a. abhängig vom sog. ›Führungsstil‹ des Gruppenleiters. Lewin, Lippitt und White unterscheiden drei Führungsstile: den autokratischen, den demokratischen und den Laissez-faire-Stil. Es ist nachvollziehbar, dass die ursprünglich an freiwilligen Freizeitkindergruppen durchgeführten Untersuchungen bald für schulpädagogische Praxisbelange erschlossen wurden. Die Führungsstil- bzw. Erziehungsstil-Forschung spielte über mehrere Jahrzehnte hinweg in der Pädagogischen Psychologie eine wichtige Rolle.

Die folgenden (stark dezimierten) Auszüge sind dem Kurzbericht Lewins ›Experiments on autocratic and democratic atmospheres‹ in ›Social Frontier‹ 4 (1938) entnommen. Die Übersetzung besorgte H. E. Lück.

»Die Psychologie muss sich solchen Faktoren wie »Atmosphären« oder »Soziale Klimata« einer Situation widmen, wenn sie Verhalten begreifen will. Der Begriff »Atmosphäre« erscheint als ziemlich vage und nicht sehr wissenschaftlich. Auf der anderen Seite weiß jeder Lehrer, dass er keine Disziplinschwierigkeiten bekommt, wenn er die richtige Atmosphäre schaffen kann. Wenn er unfähig ist, die angemessene Atmosphäre zu schaffen, überwindet er vielleicht nie die Schwierigkeiten, welche Disziplin er auch anwendet. Experimente über Emotionen (Dembo, Prescott), über Regression und Frustration (Barker, Dernbo), über die Effekte pädagogisch-kultureller Atmosphären in Waiseneinrichtungen, Kinderheimen und Kindergärten (Wellman und Skeels) sowie die Befunde der Kulturanthropologie zu sogenannten Primitiven Gesellschaften (Mead) belegen alle die wachsende Bedeutung der sozialen Atmosphäre. Als Regel kann man sagen, dass die allgemeine Atmosphäre der Situation langfristig wichtiger für das Verhalten und für die Entwicklung ist als selbst eine entscheidende einzelne Erfahrung.

Niemand würde die Bewegung eines physikalischen Körpers verstehen wollen, ohne die Eigenschaften des Gravitationsfeldes zu berücksichtigen (um in Begriffen der klassischen Mechanik zu sprechen), in dem sich der Körper befindet. In ähnlicher Weise muss die Psychologie einen Weg finden, wie sie die Merkmale eines Feldes, in dem sich eine Person befindet, begrifflich beschreibt und quantitativ misst. Ohne Zweifel ist die soziale Atmosphäre eins der besonderen Merkmale dieses Feldes: die Gruppe, zu der eine Person gehört, ihre Kultur und ihr soziales Klima. Dies ist der Grund, auf dem der Einzelne steht. Der Charakter der Gruppe und die Position einer Person in einer Gruppe bestimmen, ob dieser Grund fest oder schwankend ist und sich die Person deswegen sicher oder unsicher fühlt. Ferner bestimmt zu einem sehr hohen Grad die Ideologie der Gruppe, welche Ziele, Werte und welchen Lebensstil eine Person hat.

Versuche mit sozialen »Systemen« in Miniatur
Die Versuchsanordnung in Lippitts und Whites Experimenten ist etwa folgende: Die sozialen Beziehungen zwischen Kindern aus zwei verschiedenen Klassen wurden mithilfe des Moreno-Soziometrie-Tests, durch Beobachtungen und mithilfe der Lehrer untersucht. Mit den Kindern, die freiwillig als Kinder eines Klubs, dessen Ziel es war, Theatermasken zu machen, teilnahmen, wurden zwei Gruppen gebildet, die bezüglich Führerqualitäten, Freundschaft und Ablehnung, sozialen Beziehungen usw. vergleichbar waren. In dem Experiment von Lippitt wurde eine demokratische und eine autokra-

tische Gruppe unter der Führung des gleichen studentischen Leiters verglichen; in dem Experiment von Lippitt und White wurden vier verschiedene Gruppen unter vier verschiedenen studentischen Leitern gebildet, wobei hier die Atmosphären demokratisch, autokratisch und »Laissez faire« waren. Hier wurden auch die Klubaktivitäten beträchtlich ausgeweitet, aber so weit wie möglich innerhalb der verschiedenen Atmosphären ausgeglichen. Die Gruppenloyalität wurde geschaffen, indem den Kindern erlaubt wurde, einen Namen für den Klub zu finden und die Klubräume auszuschmücken und einzurichten. Bei diesem Experiment kam nach einigen Wochen ein neuer Leiter und gleichzeitig wurde die Atmosphäre geändert, so z. B. von Demokratie zur Autokratie oder zu Laissez-faire (oder umgekehrt). Hierdurch konnte die gleiche Kindergruppe in allen drei Atmosphären und bei verschiedenen Wechseln untersucht werden. Es soll erwähnt werden, dass nicht versucht wurde, extreme autokratische Regime wie das Naziregime zu kopieren. Der Autokrat versuchte immer freundlich zu sein und hat nicht absichtlich den freien Ausdruck unterdrückt. Er sagte den Kindern nur was zu tun ist, mit wem gearbeitet werden soll und wie man es machen soll. Insgesamt war dies ungefähr die Atmosphäre eines freundlichen Lehrers, der strikte Atmosphäre für richtig hält. In der demokratischen Gruppe wurden alle Verfahrensprobleme der Gruppe zur Entscheidung überlassen. Der Führer agierte so weit wie möglich als normales Gruppenmitglied. Bei Laissez-faire gab es keine Ermutigung zur kooperativen Entscheidung. Der Führer stand ganz abseits der Gruppe, war aber bereit, technische Informationen zu geben, wenn man sich an ihn wandte. [...] Insgesamt kann man sagen, dass die autokratische Situation dadurch charakterisiert war, dass sie eine größere »Grundspannung«, weniger Objektivität und feindseligere Aggressionen aufwies. Diese Aggression wurde nicht offen gegenüber dem autokratischen Leiter gezeigt (gegenüber dem die Kinder im allgemeinen ziemlich unterwürfig waren), vielmehr suchte sich diese einen Ausweg in der einfacheren und weniger gefährlichen Art, Sündenböcke anzugreifen. [...] Manchmal ist das Verhalten in der autokratischen Gruppe so, dass scheinbar alles glatt läuft und dass die Kinder sogar die Situation mögen. Es war eine ziemliche Offenbarung, als die Interviews mit diesen Kindern (die von einer Person durchgeführt wurden, die nichts mit den Experimenten zu tun hatte), eine äußerst intensive Ablehnung des Autokraten zum Vorschein brachte. Nicht selten ist das dominante Merkmal der Autokratie nicht so sehr eine Atmosphäre der Feindschaft, sondern eher das der Primitivierung, des Mangels an Initiative und der Lustlosigkeit. [...] Natürlich braucht es etwas mehr Zeit, um die Demokratie zu etablieren als die Autokratie. Der demokratische Lebensstil erwartet von jedem Mitglied aktive Teilnahme. Die Mitglieder müssen daher diesen Stil erfahren und ein Gefühl erwerben, wie damit umzugehen ist, bevor er richtig etabliert ist. Außerdem hängt die Demokratie viel mehr von jedem ihrer Mitglieder ab: Eine Person außerhalb der Reihe kann mehr Schaden für die ganze Atmosphäre anrichten als in der Autokratie, wo die Individualität der Mitglieder weniger wichtig ist. [...] Diese Experimente weisen [...] auf die großen Möglichkeiten hin, die in der Erziehung liegen, und somit auf die Verantwortung, die den Bildnern jungen Lebens gegeben sind, das so sensibel auf die aktuellen sozialen Klimata reagiert und so davon abhängt« (Lewin, K., 2009 [1938], 366–372, Übersetzung: H. E. Lück).

25 Behavioristische Lerntheorien und programmierter Unterricht (B. F. Skinner)

Burrhus Frederic Skinner (1904–1990), der Hauptprotagonist des sog. ›radikalen Behaviorismus‹, entwarf die Lerntheorie des ›operanten Konditionierens‹. Gemäß dieser Theorie kann mittels ›Verstärkern‹ eine gezielte, individuell-spezifische Steuerung der Verhaltensentwicklung vorgenommen werden. Skinner verband seine lerntheoretische Konzeption mit weitreichenden praktischen Folgerungen, u. a. in Form der Entwicklung neuartiger Erziehungs- und Unterrichtstechniken. Er gilt als geistiger Vater des ›programmierten Unterrichts‹.

In dem unten abgedruckten übersetzten Auszug aus dem Aufsatz ›The science of learning and the art of teaching‹ (1954) stellt er seine ›Lernmaschine‹ vor, die als eine Art Verstärker-Mechanismus (positive vs. negative Verstärker) fungiert und nach seiner Meinung eine erhebliche Effektivitätssteigerung der pädagogischen Unterrichtspraxis leiste. Die Akzeptanz der Konzeption des ›programmierten Unterrichts‹ hatte in den 50er bis 70er Jahren des 20. Jahrhunderts ihre Blütezeit. Seither mehren sich relativierende Stellungnahmen und Warnungen vor »überzogenen Hoffnungen« (Weinert, 1981, 151).

»Die Fortschritte, die seit kurzem im Sinne einer Steuerung des Lernens gemacht werden konnten, regen zu einer gründlichen Revision der im Klassenunterricht angewandten Methoden an und geben uns glücklicherweise auch genug Hinweise, wie diese Generalüberholung durchgeführt werden kann. Hier werden natürlich nicht zum erstenmal die Ergebnisse experimenteller Studien auf praktische pädagogische Probleme bezogen. Jedoch zeugt der moderne Schulunterricht zu wenig von irgendwelcher Beachtung oder Verwertung dessen, was die Lernforschung erkannt hat. Dieser Zustand beruht zweifellos zum Teil auf den der früheren Forschung gesetzten Grenzen. Aber man hat auch zu schnell gefolgert, daß eine experimentelle Lernforschung immer nur begrenzte Bedeutung haben könne, weil sie die Realitäten der Schule nicht berücksichtigen könne. Angesichts unseres zunehmenden Wissens um den Prozeß des Lernens sollten wir aber nunmehr darauf bestehen, daß wir uns dieser Realitäten annehmen und eine wesentliche Änderung in ihnen durchsetzen. Das Bildungswesen ist vielleicht der wichtigste Zweig der Verhaltenspsychologie. Es beeinflußt unser aller Leben zutiefst. Wir können nicht länger dulden, daß auf Grund der Bedürfnisse einer praktischen Situation die gewaltigen, in Reichweite befindlichen Verbesserungen verhindert werden. Zu ändern ist dann eben die praktische Situation.

Bestimmte Fragen gilt es zu beantworten, wenn es sich um den Lernprozeß handelt: Welches Verhalten soll entwickelt werden? Welche Verstärkungen liegen nahe? Welche Reaktionen sind zunächst verfügbar für ein Programm progressiver Annäherung an das gewünschte Endverhalten? Wie können Verstärkungen am wirksamsten angeordnet werden, um die Intensität des Verhaltens zu bewahren? Diese Fragen sind wichtig, wenn wir die Situation des Kindes in den ersten Schuljahren betrachten. Zunächst die Frage nach den verfügbaren Verstärkungen. Worüber verfügt die Schule, um ein Kind zu verstärken? Wir können zunächst den zu lernenden Stoff betrachten, denn es ist möglich, daß dieser beträchtliche automatische Verstärkung enthält. Kinder spielen stundenlang mit mechanischem Spielzeug, Farben, Scheren und Papier, mit lärmerzeugenden Dingen, mit Rätseln – kurz mit fast allem, was erleben läßt, daß man die Umwelt verändern kann, und was verhältnismäßig frei von unangenehmen Eigenschaften ist. Die bloße Beeinflussung der Natur ist selbst schon verstärkend. Diese Wirkung tritt in der modernen Schule aber nicht zutage, weil sie durch die auf Grund negativer Steuerung entstandenen emotionellen Reaktionen verdeckt wird. Zwar ist die automatische Verstärkung durch die Veränderungen der Umwelt wahrscheinlich nur ein milder Verstärker und mag der sorgfältigen Lenkung bedürfen, aber nach einem der wichtigsten Ergebnisse, die jüngst in der Forschung deutlich wurden, hat der bloße Grad der Verstärkung wenig Bedeutung. Eine sehr leichte Verstärkung kann auf die Verhaltenssteuerung gewaltige Wirkungen haben, wenn sie geschickt eingesetzt wird.

Wenn die natürliche, dem Stoff innewohnende Verstärkung nicht ausreicht, müssen weitere Verstärker herangezogen werden. Selbst in der Schule darf das Kind gelegentlich tun, »was ihm Spaß macht«. Ein solches Erlebenlassen verschiedenartiger Verstärkungen kann als direktere Folge des einzuschleifenden Verhaltens geboten werden. Wer den Wettkampf für ein nützliches soziales Motiv befürwortet, mag die Verstärkungen aus der Herausforderung anderer anwenden wollen, obgleich hier die Schwierigkeit auftritt, daß in diesem Fall die Verstärkung eines Kindes bei einem anderen notwendigerweise negativ wirkt. Danach könnten wir noch die Gutwilligkeit und die Zuneigung des Lehrers berücksichtigen. Und erst, wenn auch diese Verstärker versagen, dürfen wir uns der Anwendung negativer Reize zuwenden.

Als nächstes: Wie sollen diese Verstärkungen auf das gewünschte Endverhalten bezogen werden? Zweierlei muß hier bedacht werden: Die allmähliche Entfaltung äußerst komplizierter Verhaltensmuster und die Aufrechterhaltung der Verhaltensintensität auf jeder Stufe. Der ganze Prozeß des Sicherwerdens auf einem Gebiet muß in eine sehr große Zahl sehr kleiner Schritte aufgeteilt werden, und mit jeder Durchführung eines Schrittes muß eine Verstärkung verbunden werden. Wenn die Aufgabe, ein komplexes Verhaltensrepertoire zu schaffen, auf diese Weise gelöst ist, ist damit auch die zweite Aufgabe der Intensitätserhaltung gelöst. Wir könnten natürlich auf die schon bei der Untersuchung anderer Lebewesen entwickelten Anordnungspläne zurückgreifen. Aber beim Stand unseres gegenwärtigen Wissens um Unterrichtsprobleme scheint es, daß der wirksamste Plan jeweils an Hand des zu lernenden Stoffes aufgebaut wird. Indem man jeden einzelnen folgenden Schritt so klein wie möglich hält, kann die Häufigkeit der Verstärkung ein Maximum erreichen, während die möglichen negativen Folgen des Fehlermachens auf ein Minimum reduziert werden. Andere Formen der Stoffeinteilung würden wahrscheinlich andere Verstärkungsprogramme nach sich ziehen. Jede zusätzliche Verstärkung würde wahrscheinlich in der traditionellen Weise eingeplant werden.

Übermäßiges wird hier nicht verlangt, aber vielleicht ist es doch unvereinbar mit den derzeitigen Realitäten der Schule. Bei den experimentellen Untersuchungen über den Lernvorgang hat sich gezeigt, daß die Verstärkungsmechanismen, die für die Steuerung des Organismus entscheidend sind, nicht durch die persönliche Vermittlung des Experimentators hergestellt werden können. Beeinflußt wird der Organismus schon durch feinste Einzelheiten des Verstärkungsmechanismus, die herzustellen weit über menschliche Möglichkeiten geht. Hierzu sind mechanische und elektrische Geräte nötig. Maschinelle Hilfe ist auch auf Grund der bloßen Zahl von Verstärkungen erforderlich, die in einer einzigen experimentellen Sitzung wirksam werden. Wir haben viele Millionen von Reaktionen eines einzigen Lebewesens im Laufe von Tausenden von Experimentierstunden aufgezeichnet. Es ist ganz undenkbar, diese Verstärkungen persönlich herzustellen und persönlich zu beobachten. Nun reagiert der menschliche Organismus zudem noch empfindlicher auf präzise Verstärkungen als die anderen untersuchten Organismen. Wir haben daher allen Grund zu der Annahme, daß die wirksamste Steuerung des menschlichen Lernens der instrumentellen Hilfe bedarf. Die Tatsache ist nicht zu leugnen, daß der Lehrer – wenn er nur ein Verstärker wäre – der Vergangenheit angehören würde. Dies träfe selbst dann zu, wenn ein einziger Lehrer seine ganze Zeit einem einzigen Kind widmete. Aber er wird noch mehr überfordert, wenn er vielen Kindern auf einmal als Verstärker zu dienen hat. Soll der Lehrer aus den jüngsten Ergebnissen der Lernforschung Nutzen ziehen, so muß er die Hilfe mechanischer Geräte bekommen.

Das technische Problem, die nötige instrumentelle Hilfe zu schaffen, ist nicht besonders schwierig. Es gibt viele Methoden, nach denen die notwendigen Verstärkungsmechanismen hergestellt werden können, sei es nun auf mechanischem oder elektrischem Wege. Ein billiges Gerät, das die meisten Hauptprobleme löst, ist schon erfunden. Seine Beschreibung kann das Gesagte verdeutlichen.

Das Gerät besteht aus einem kleinen Kasten in der Größe etwa eines Plattenspielers. Auf der Deckfläche ist ein Fenster, durch das man eine auf einen Papierstreifen gedruckte Frage oder eine Aufgabe sehen kann. Das Kind beantwortet die Frage, indem es einen oder zwei Schieber bewegt, auf die die Zahlen 0-9 gedruckt sind. Die Antwort erscheint in quadratischen Löchern, die in das die Frage enthaltende Papier geschnitten sind. Wenn die Antwort gegeben ist, dreht das Kind an einem Hebel. Diese Operation ist so einfach wie die, ein Fernsehgerät einzustellen. Wenn die Antwort richtig ist, dreht sich der Hebel frei und kann die Glocke läuten lassen oder sonst eine konditionierte Verstärkung liefern. Wenn die Antwort falsch ist, läßt sich der Hebel nicht drehen. Ein Zähler kann auch noch angebracht sein, um die Zahl falscher Antworten zu registrieren. Der Hebel muß dann leicht zurückgedreht werden, und die richtige Antwort wird zum zweitenmal versucht. (Anders als die Lernkarte registriert das Gerät eine falsche Antwort, gibt aber die richtige nicht.) Wenn die Antwort jetzt richtig ist, setzt ein weiterer Hebeldruck eine Schaltung in Gang, die die nächste Aufgabe vor das Fenster bringt. Diese Bewegung kann jedoch nicht vollendet werden, bevor nicht die Schieber zur Null zurückgedreht worden sind.

Wichtig sind an diesem Gerät die folgenden Merkmale: Die Verstärkung für die richtige Antwort erfolgt sofort. Schon die bloße Handhabung des Gerätes wird wahrscheinlich genügend Verstärkung sein, um den durchschnittlichen Schüler täglich für eine angemessene Zeitspanne an der Arbeit zu halten, vorausgesetzt, daß die Reste früherer negativer Steuerung ausgelöscht werden können. Ein Lehrer genügt um gleichzeitig die Arbeit einer ganzen Klasse an solchen Geräten zu überwachen, wobei aber jedes Kind mit seinem eigenen Tempo arbeiten und möglichst viele Aufgaben in einer Klassenstunde bewältigen kann. Wenn es Stunden versäumte, kann es da anknüpfen, wo es aufhörte. Das begabte Kind wird schnell weiterkommen, aber es kann von zu großem Vorsprung entweder dadurch abgehalten werden, daß es eine Zeitlang von der Rechenstunde befreit wird oder bestimmte Sonderaufgaben erhält, die es in einige interessante Seitengebiete der Mathematik führen.

Das Gerät schafft die Möglichkeit für eine genau durchdachte Stoffdarbietung, wobei eine Aufgabe von der richtigen Antwort auf eine andere abhängt und wo deshalb das komplexe Endrepertoire am sichersten aufgebaut werden kann. Man hat Vorsorge getroffen, daß die häufigsten Fehler vermerkt werden, damit die Bänder je nach Erfahrung modifiziert werden können. An Stellen, wo die Schüler offensichtlich Schwierigkeiten haben, können zusätzliche Stufen eingebaut werden, bis schließlich der Stoff eine Darbietung gefunden hat, bei der die Antwort eines durchschnittlichen Kindes fast immer richtig sein wird. Wenn sich herausstellt, daß in einem Stoff selbst offensichtlich nicht genügend Verstärkung liegt, können andere Verstärker aus dem Bereich des Lehrers oder der Schule auf den Betrieb des Gerätes oder das Durcharbeiten einer Problemreihe bezogen werden. Zusätzliche Verstärkung würde die Vorteile der unmittelbaren Verstärkung nicht preisgeben. Auch würde sie den Vorteil einer optimalen Aufgabenreihe zur Erreichung eines komplexen mathematischen Verhaltens nicht entwerten. Ein ähnliches Gerät, in dem die Schieber die Buchstaben des Alphabetes tragen, wurde für den Rechtschreibunterricht entwickelt. Außer den Vorteilen, die aus der präzisen Verstärkung und dem durchdachten Programmverlauf zu gewinnen sind, könnte das Gerät gleichzeitig Lesen lehren. Es kann auch zur Herstellung des großen und wichtigen Repertoires sprachlicher Beziehungen benutzt werden, wie sie in der Logik und in den Wissenschaften auftreten. Kurz gesagt, es kann das sprachliche Denken lehren. Das Gerät kann auch als Selbsttestapparat nach dem Auswahl-Antwort-Schema benutzt werden.

Einwände gegen den Gebrauch solcher Geräte in der Schule sind leicht vorauszusehen. Man wird den Entsetzensschrei hören, daß hier das Kind wie ein bloßes Tier behandelt werde und daß eine wesentlich menschliche, intellektuelle Leistung mit inadäquaten mechanistischen Begriffen analysiert werde. Das mathematische Verhalten wird gewöhnlich nicht als ein Repertoire von Reaktionen, die Zahlen und Zahlenoperationen umfassen, verstanden, sondern als Ausdruck mathematischer Begabung oder Ausübung einer Verstandeskraft. Zwar sind die Verfahren, die aus der experimentellen Lernforschung hervorgegangen sind, nicht geeignet, »den Geist zu entwickeln« oder ein allgemeines »Verständnis« für mathematische Beziehungen zu fördern. Sie sind im Gegenteil so aufgebaut, daß sie gerade das Verhalten erst herstellen, das als Ausdruck solcher intellektueller Zustände oder Vorgänge verstanden wird. Dies ist nur ein Spezialfall für die im Gange befindliche allgemeine Veränderung in der Deutung menschlicher Geschehnisse. Eine fortschrittliche Wissenschaft wird mehr und mehr überzeugende Alternativen zu den herkömmlichen Formulierungen zu bieten haben. Das Verhalten, in dessen Begriffen menschliches Denken schließlich definiert werden muß, sollte seinem eigenen Rang entsprechend als das Ziel der Erziehung behandelt werden.

Natürlich hat der Lehrer eine wichtigere Funktion, als bloß »richtig« oder »falsch« zu sagen. Die vorgeschlagenen Änderungen würden ihn für eine bessere Ausübung seiner Funktion freigeben. Einen Stoß Rechenhefte nach dem Schema »9 und 6 ist 15« (richtig), »9 und 7 ist 18« (falsch) zu korrigieren, ist unter der Würde jedes intelligenten Menschen! Es gibt wichtigere Arbeit zu tun, bei der die Beziehung des Lehrers zum Schüler nicht durch ein mechanisches Gerät ersetzt werden kann. Durch instrumentelle Unterstützung würden diese Beziehungen nur gewinnen. Man könnte die Hauptschwierigkeit im heutigen Unterricht der unteren Klassen so charakterisieren, daß das Kind offensichtlich nichts kann und dies auch weiß und daß andererseits der Lehrer nichts dagegen tun kann und das auch weiß. Wenn durch die jüngsten Fortschritte in der Verhaltenssteuerung das Kind zu einem wirklichen Können im Lesen, Schreiben und Rechnen gelangt, dann wird auch der Lehrer nicht mehr nur das leisten müssen, was durch eine billige Maschine ersetzt werden kann, sondern er wird sich seiner eigentlichen Aufgabe widmen können, nämlich der Pflege der geistigen, kulturellen und emotionalen Beziehungen, die sein Menschsein ausmachen.

Ein weiterer möglicher Einwand geht dahin, daß mechanisierter Unterricht technisch bedingte Arbeitslosigkeit bringe. Wir brauchen uns darüber erst dann Sorge zu machen, wenn es genug Lehrer gibt und wenn die Zeit und die Energie, die vom Lehrer verlangt wird, mit der anderer Arbeitsbereiche vergleichbar ist. Mechanische Geräte werden dem Lehrer den mühsameren Teil der Arbeit abnehmen, aber sie werden kaum die Zeit abkürzen, in der er mit dem Schüler in Kontakt steht. Ein praktischer Einwand: Können wir es uns leisten, unsere Schulen zu mechanisieren? Die Antwort heißt eindeutig: Ja. Das Gerät, das ich oben beschrieb, könnte zum Preise eines kleinen Radios oder Plattenspielers hergestellt werden. Man würde viel weniger Geräte benötigen, als Schüler vorhanden sind, denn sie können der Reihe nach gebraucht werden. Aber selbst wenn wir annehmen, daß diejenigen Instrumente, die sich schließlich als die leistungsfähigsten herausstellen, mehrere hundert Dollars kosten würden und wir sehr viele davon brauchten, sollte unsere Wirtschaft diese Belastung dennoch aushalten können. Sobald wir die Möglichkeit und Notwendigkeit mechanischer Hilfsmittel im Klassenunterricht eingesehen haben, kann das finanzielle Problem auch überwunden werden. Es gibt keinen Grund, warum das Schulzimmer weniger maschinell ausgestattet sein soll als etwa die Küche. Ein Land, das jährlich Millionen von Eisschränken und Geschirrspülmaschinen, automatischen Waschmaschinen, automatischen Wäscheschleudern und Müllschluckern produziert, kann sich ganz sicher auch die Ausrüstung leisten, die seine Bürger am ehesten zu größtmöglicher Tüchtigkeit ausbildet. Etwas ganz Einfaches ist zu tun. Es kann als konkrete Aufgabe formuliert werden. Die notwendigen Verfahren sind bekannt. Die nötige Ausrüstung ist leicht zu beschaffen. Nichts steht dagegen als nur die kulturelle Trägheit. Aber was ist wohl charakteristischer für Amerika als eine fehlende Bereitschaft, das Traditionelle für unentrinnbar zu halten? Wir stehen an der Schwelle einer erregenden und revolutionären Epoche, in der die wissenschaftliche Erforschung des Menschen zum Besten des Menschen verwertet werden wird. Wir müssen die Tatsache anerkennen, daß eine umfassende Revision der pädagogischen Methoden möglich und notwendig ist. Danach können wir Vertrauen in ein Bildungssystem setzen, das sich seiner Aufgabe bewußt ist, das sicher in seinen Methoden ist und großzügig unterstützt wird von den gebildeten und leistungsfähigen Bürgern, die eben diesem Bildungssystem alles verdanken, was sie sind« (Skinner, B. F., 1981 [1945], 253–258, Übersetzung: I. Schüßler).

26 Pädagogische Psychologie und Wertorientierungen (R. und A. Tausch)

Insofern als es die Pädagogische Psychologie mit Fragen der Erziehung zu tun hat, ist sie auf normative Aspekte verwiesen. Dem Zusammenhang pädagogisch-psychologischer Fragestellungen und Interventionen mit ethischen Wertauffassungen (»humanes Zusammenleben«) schenken R. und A. Tausch in ihrer Konzeption einer ›Erziehungspsychologie‹ zentrale Aufmerksamkeit.

»Die Hauptfragestellungen der Erziehungs-Psychologie sind: Wie können Lehrer, Erzieher und Eltern wichtige seelische Vorgänge der persönlichen Entwicklung und des fachlichen Lernens von Kindern und Jugendlichen fördern? Diese Fragestellungen hängen teilweise mit Wertauffassungen zusammen: Welche persönliche Entwicklung wird angestrebt? Welche seelischen Vorhänge werden als bedeutungsvoll angesehen? Welche sollen durch die Begegnung mit dem Lehrer und Erzieher gefördert werden?

Unsere Wertauffassungen hierzu sind:

- Selbstbestimmung, Achtung der Person, Förderung der seelischen und körperlichen Leistungsfähigkeit sowie soziale Ordnung sind psychosoziale Grundwerte eines humanen Zusammenlebens von Menschen, in der Partnerschaft, in Betrieben, in der Politik und auch im befriedigenden Zusammenleben von Erwachsenen und Jugendlichen.
- Als sehr wertvoll für die persönliche Entwicklung sehen wir u. a. folgende seelische Vorgänge an: Wahrnehmungslernen, Selbstachtung und günstiges Selbstbild, klärende Auseinandersetzung mit dem eigenen Erleben einschließlich der ethisch-religiösen Wertauffassungen sowie die Bewältigung vom Streß-Belastungen. [...]

Wertauffassungen beeinflussen Fragestellungen und Inhalte der Forschung. In Erziehung und Unterrichtung erfolgt eine Förderung der Persönlichkeit von Kindern und Jugendlichen, eine Förderung ihres Erlebens und Verhaltens. Welche seelischen Vorgänge werden als bedeutsam und fördernswert angesehen? Welche Persönlichkeitsentwicklung wird angestrebt? Sollen Jugendliche unempfindsamer und härter gegenüber ihrem Fühlen werden oder eher empfindsamer und offener? Dies sind unzweifelhaft Wertauffassungen. Und sie beeinflussen in gewisser Weise den Gegenstand der Forschung und die Fragestellungen. Diese Wertauffassungen können nicht in ihrer Richtigkeit durch empirische Untersuchungen »bewiesen« werden. Empirische Untersuchungen können lediglich helfen, unsere Wertauffassungen zu klären und unsere Vermutungen über die Auswirkung von Werten zu prüfen. [...] Eine Forschung ohne Zielvorstellung, ohne Ausrichtung der Forschung auf das, was in Erziehung und Unterrichtung vom Forscher oder von anderen als bedeutsam, als erstrebenswert, als wert-voll angesehen wird, erscheint uns als eine Zufalls-Forschung, als eine Forschung ins Blaue. [...]

Wertauffassungen, die unsere erziehungspsychologischen Fragestellungen beeinflussen.
Gegenstand und Fragen unserer Forschung sind hauptsächlich: Durch welche Bedingungen, insbesondere durch welche Haltungen und Aktivitäten von Erziehern und Lehrern können die psychischen Vorgänge, das Lernen und diejenige Persönlichkeitsentwicklung bei Kindern und Jugendlichen deutlich gefördert werden, die wir als wertvoll für ein seelisch reiches Leben ansehen und die in der Erziehung überwiegend angestrebt werden? So hängen unsere Fragestellungen mit den Werten und Zielen der Erziehung zusammen, werden von ihnen beeinflußt. Ohne diese Wertauffassungen wäre unsere Forschung von nur geringem Wert für Personen, die erziehen und unterrichten. Denn deren Tätigkeit ist deutlich beeinflußt von Wertauffassungen« (Tausch, R. & A., 1991 [1963], 9, 16–18).

27 Pädagogische Psychologie und Erziehungswissenschaft (F. E. Weinert vs. W. Klafki)

Die Pädagogische Psychologie versteht sich primär als Teildisziplin der Psychologie. Ein großer Teil ihrer wissenschaftlichen Fragestellungen und Untersuchungen hängt eng zusammen mit pädagogischen Gegenstandsbereichen. Von daher ist es nachvollziehbar, dass ihr Verhältnis zur Erziehungswissenschaft von ihren Anfängen an immer wieder und häufig kontrovers diskutiert wurde. In den 70er Jahren des 20. Jahrhunderts wurden derartige Diskussionen im übergreifenden Kontext der Anwendbarkeit wissenschaftlicher Ergebnisse auf praktische Probleme (Theorie-Praxis-Verhältnis) geführt. Der nachfolgende Dialog zwischen dem Psychologen F. E. Weinert und dem Erziehungswissenschaftler W. Klafki ist dem in Buchform erschienenen ›Funkkolleg Pädagogische Psychologie‹ entnommen.

(Bei der Bezugnahme auf K. Holzkamp am Anfang des Dialogs geht es um die Auffassung des letzteren, dass eine wechselseitige Entfremdung zwischen psychologischer Forschung und psychologischer Berufspraxis kennzeichnend sei für die damalige Situation [60er und 70er Jahre des 20. Jahrhunderts]).

»Die Frage nach dem Verhältnis zwischen wissenschaftlicher Theorie und Praxis ist nicht nur für die Pädagogische Psychologie wichtig, sondern auch für die Erziehungswissenschaften insgesamt. Ich habe deshalb Herrn Klafki als Erziehungswissenschaftler gebeten, zu dieser Problematik Stellung zu nehmen: »Herr Klafki, teilen Sie die Skepsis, die in den Worten von Herrn Holzkamp zum Ausdruck kommt?«

Klafki: »Herr Holzkamp bezieht sich ja wohl auf die generelle Situation der Psychologie im Verhältnis zu praktischen Anwendungsmöglichkeiten. Ich vermag nicht zu beurteilen, ob das Problem dort generell so gültig ist.

Ich neige stärker Ihrer – wenn ich es recht verstanden habe – etwas optimistischeren Einschätzung der Situation im Hinblick auf die Pädagogische Psychologie zu. Es gibt doch – so meine ich – eine Reihe von Beispielen, an denen sich zeigen läßt, daß pädagogisch-psychologische Forschung praktisch relevante Resultate ergeben hat. Gerade Ihr Beispiel des Schreibunterrichts fand ich so überzeugend, weil die praktische Bedeutung nicht darin liegt, daß man jetzt eine klare Entscheidung für eine Methode und gegen eine andere fällen kann, sondern daß gerade das Bewußtsein für die Komplexheit der Problematik und die Vorsicht, die notwendig ist, bei der Verwendung psychologischer Theorien im Hinblick auf praktische Anwendung dabei deutlich zutage trat.«

Weinert: »Psychologie ist eine Einzelwissenschaft, und die Anwendung einer einzelwissenschaftlichen Theorie auf ein so komplexes Feld wie die Erziehungswirklichkeit ist immer problematisch. Wie würden Sie als Erziehungswissenschaftler überhaupt die Möglichkeit beurteilen, innerhalb von Einzelwissenschaften erziehungs-, bildungs-, schulrelevante Theorien zu entwickeln, bzw. welche Voraussetzungen müßten geschaffen werden, um die Einzelwissenschaften fruchtbar zu machen?«

Klafki: »Mir scheint, daß es notwendig wäre, daß die Fragestellungen, die sich zum Teil methodisch nur einzelwissenschaftlich behandeln lassen, also beispielsweise bestimmte lernpsychologische, motivationspsychologische oder sozialpsychologische Fragestellungen, dann, wenn sie pädagogisch relevant werden sollen, eigentlich von vornherein im Kontakt mit der Erziehungswissenschaft entwickelt werden müßten. Es müßte im Gespräch zwischen Psychologen und Erziehungswissenschaftlern das herausgearbeitet werden, was der Untersuchung bedürftig ist. Daran wird das deutlich, was in Ihren Ausführungen meiner Meinung nach ebenfalls anklang: Man darf das Verhältnis zwischen Psychologie und Pädagogik nicht als ein Verhältnis von Grundlagenwissenschaft und anwendender Wissenschaft betrachten.«

Weinert: »Heute wird so häufig und soviel von »Innovation« gesprochen. Ich kenne niemanden, der Innovation nicht wollte. Was immer man darunter versteht: Würden Sie glauben, daß empirische Forschung und darauf aufbauende Theorien innovationsfördernd sein können oder – wie manche behaupten – ausgesprochen konservierend sind?«

Klafki: »Das hängt – so meine ich – von der Art der Fragestellung ab, in der empirische Forschung betrieben wird. Zunächst wird man auch hier nicht vom Verhältnis von Grundlagenwissenschaft und Anwendung ausgehen können. Ich halte es für unmöglich, eine Theorie, etwa des Lernens, für die Schule zu entwickeln und eine innovierte Schule als die Anwendung dieser Theorie zu betrachten. Ich meine, daß man aus Theorien Hypothesen ableiten kann, die in der Praxis nicht nur überprüft, sondern in der praktischen Anwendung wiederum verändert werden müssen. Das müßte sich vor allem in veränderten Fragestellungen – in diesem Falle der Psychologie – niederschlagen, so daß ich mir das als einen ständigen Prozeß der Wechselwirkung und der wechselseitigen Kontrolle vorstelle. Es scheint mir allerdings auch notwendig – da wir hier von der Psychologie sprechen – daß Psychologie die unausgesprochenen Implikationen, die in Innovationskonzepten stecken können, auf den Tisch legen müßte. Sicherlich stecken in der Vorstellung, daß Gesamtschulen aus bestimmten Gründen sehr große Komplexe sein müssen, gewisse psychologische Implikationen, die die Planer solcher Schulen sich möglicherweise nicht vorher klargemacht haben; u. U. stecken in bestimmten Differenzierungskonzepten, die von fachdidaktischen Überlegungen ausgehen, sozialpsychologische Implikationen, die wiederum eine psychologische Theorie aufdecken müßten, um sie dann der Untersuchung zuführen zu können.«

Weinert: »Im Zusammenhang mit Ihrer letzten Antwort die Frage: Kann Psychologie, kann Pädagogische Psychologie wirklich gesellschaftliche Relevanz in dem Sinne haben, daß sie zum Abbau von Zwängen, zum Abbau von unbegründeten Abhängigkeiten im pädagogischen Bereich beiträgt?«

Klafki: »Mit Sicherheit, aber nur dann, wenn in ihre Ausgangsfragestellungen dieses Interesse an dem Abbau von Abhängigkeiten, an dem Abbau von unbegründeten Herrschaftsverhältnissen, bereits eingegangen ist.«

Weinert: »In diesem speziellen, vom erkenntnisleitenden Interesse der Forschung her definierten Sinn gibt es gewiß nur relativ wenige emanzipatorisch gemeinte Studien. Ich vermute jedoch, daß die kritische Vermittlung psychologischer Theorien bei vielen Menschen aufklärerisch wirken kann, d. h. daß ein Prozeß der Selbstreflexion über (soziale und individuelle) Handlungsursachen, Verhaltensstereotypien, Bewertungsmechanismen, Beeinflussungstechniken ermöglicht wird, den man in einem weiteren Sinn als »emanzipatorisch« bezeichnen könnte. Viele Fehler in der Erziehung entspringen ja nicht dem bösen Willen der Erzieher, sondern z. T. subjektiv guten Absichten. Deshalb würde ich eine der wichtigsten Funktionen der Psychologie (und damit auch der Pädagogischen Psychologie!) in der wissenschaftlichen Erhellung eigenen und fremden Verhaltens, seiner (inneren und äußeren) Bedingungen und Wirkungen sehen.« (Weinert, F. E., 1989 [1974], 60–62).

28 Das Selbstverständnis der Pädagogischen Psychologie in der jüngeren Vergangenheit und Gegenwart (F. E. Weinert, S. Preiser, Th. Städter)

Das Selbstverständnis der neueren Pädagogischen Psychologie zeichnet sich u. a. durch folgende allgemeinen Merkmale aus:

1. Die Pädagogische Psychologie versteht sich sowohl als psychologische Anwendungs- wie auch als Grundlagendisziplin.
2. Der (kleinste) gemeinsame Nenner ihrer Methodik ist eine empirische Orientierung.
3. Zum thematischen Zuschnitt ihres Gegenstandes (Aufgabenbereiche) gibt es divergente Auffassungen.

Im folgenden sollen zwei Beispiele für Annäherungen an eine Gegenstandsbestimmung (Weinert; Preiser) sowie zwei Beispiele von Aussagen über die Uneinheitlichkeit des Selbstverständnisses (Weinert; Städtler) angeführt werden:

»Persönliche Ansichten über künftige Aussichten der Pädagogischen Psychologie
Gegenwärtig stehen wir an der Schwelle zum zweiten Jahrhundert der pädagogischen Psychologie als einer theoretisch orientierten, empirisch betriebenen und praktisch nutzbaren Wissenschaft. Wieder herrscht Aufbruchstimmung! Wie in der Gründerzeit gibt es für die konkrete Forschung wissenschaftsideologische Visionen. Wiederholt sich also die Geschichte? Glaubt man den Historikern, so ist das nicht möglich. Das dürfte auch für die Pädagogische Psychologie gelten. Ihre Beziehungen zur Psychologie im ganzen sind in den letzten Jahren eng und stabil geworden. Zahlreiche gewichtige Erkenntnisfortschritte wurden in den vergangenen hundert Jahren

erzielt. Viele offene Fragen harren einer künftigen wissenschaftlichen Lösung. Forschungsparadigmen wurden in der Vergangenheit oft puristisch entwickelt, theoretische Positionen radikal vertreten. Dabei schließen sich die verschiedenen wissenschaftlichen Ansätze oft keineswegs aus, sondern ergänzen einander in vieler Hinsicht. Soll es nicht nur um die Entwicklung artifiziell valider psychologischer Theorien gehen, sondern auch um die Gewinnung praktisch nutzbarer Erkenntnisse, so folgt daraus ein Plädoyer für die verstärkte Verwendung komplexer Forschungsmodelle.

Dabei wissen wir, daß pädagogisches Handeln zwar wissenschaftlich begründet und reflektiert, nicht aber durch theoretische Erkenntnisse legitimiert und gesteuert werden kann. Pädagogische Psychologie ist in meinen Augen als Wissenschaft notwendigerweise eine reduktive, die Phänomene vereinfachende, nach Gesetzmäßigkeiten suchende, auf Wahrscheinlichkeitsaussagen gerichtete, also im besten Sinn des Wortes theoretische Disziplin – für welche das eigentliche, zwischenmenschliche, persönlich zu verantwortende, lebendige pädagogische Handeln immer eine »andere«, nie als solche erfaßbare, in Grenzen aber wissenschaftlich beschreibbare und erklärbare Realität bildet. Pädagogisch-psychologische Forschung leistet damit einen prinzipiell beschränkten, aber unverzichtbaren Beitrag zum besseren Verständnis der psychologischen Prozesse im pädagogischen Geschehen, Handeln und Wirken. Das mag manchem wenig erscheinen; nach meiner Überzeugung ist es sehr viel!« (Weinert, F. E., 1996, 98 f.).

»Pädagogische Psychologie befasst sich mit der Beschreibung des Verhaltens und Erlebens von Menschen in pädagogischen Situationen, d. h. in Unterrichts-, Bildungs- und Erziehungssituationen. Sie sucht weiterhin nach Erklärungen des Verhaltens und Erlebens in pädagogischen Situationen anhand von inneren und äußeren Bedingungen. Sie beschäftigt sich beschreibend und erklärend mit den Ergebnissen von Erziehungs- und Bildungsprozessen.

Pädagogische Psychologie als Anwendungsfach und als Grundlagenfach
Pädagogische Psychologie ist eine Wissenschaft mit unmittelbarem Anwendungsbezug, ein Anwendungsfach der Psychologie. Auch andere Wissenschaften werden in Grundlagenfächer und Anwendungsfächer unter-

schieden, beispielsweise Physik und Ingenieurwissenschaften, Biologie und Agrarwissenschaften, Biochemie und Pharmazie.

Unterricht und Erziehung als Gegenstand der Pädagogischen Psychologie beinhalten vielfaltige Prozesse, die allgemein für Verhalten und Erleben charakteristisch sind: Denken, Motivation, soziale Beziehungen und Persönlichkeit. Diese Themen werden von psychologischen Grundlagenfächern bearbeitet. Sie werden jedoch auch zu Teilbereichen der Pädagogischen Psychologie, weil sie Ziele, Ergebnisse oder Bedingungen pädagogischer Prozesse betreffen. Die folgende Aufstellung zeigt beispielhaft, welche pädagogisch bedeutsamen Themen von verschiedenen psychologischen Teildisziplinen beigesteuert werden:

- Grundlegende Prozesse der Wahrnehmung, des Lernens und Erinnerns, des Denkens und der Motivation. Das zuständige wissenschaftliche Fach heißt Allgemeine Psychologie. [...]
- Individuelle Unterschiede von psychischen Prozessen und Merkmalen; Persönlichkeit und Fähigkeiten als Einflussfaktoren in Unterricht und Erziehung. Das zuständige Fach heißt Persönlichkeitspsychologie. [...]
- Veränderungen von psychischen Prozessen und Merkmalen; Entwicklungsprozesse als Voraussetzung von Erziehung und Unterricht. Das zuständige wissenschaftliche Fach heißt Entwicklungspsychologie. [...]
- Soziale Einflüsse auf psychische Prozesse; Gruppenprozesse und soziale Beziehungen in Unterricht und Erziehung, Kommunikationsprozesse und Konflikte. Das zuständige Fach heißt Sozialpsychologie [...]
- Störungen in den psychischen Prozessen, in der Persönlichkeitsentwicklung oder in den sozialen Beziehungen; Lern- und Verhaltensstörungen. Das zuständige wissenschaftliche Fach heißt Klinische Psychologie. [...]

Es gibt also eine Vielfalt von Beiträgen aus der Psychologie des Lernens, Denkens und der Motivation, aus der Entwicklungs-, Sozial- und Persönlichkeitspsychologie, aber auch aus anderen Teilbereichen, die zum Verständnis pädagogischer Prozesse beitragen können. Man könnte versucht sein, die Pädagogische Psychologie nur als Anwendungsfach zu betrachten, das Beiträge anderer psychologischer Forschungsgebiete sammelt, sichtet und für die Praxis aufbereitet. Pädagogische Psychologie betreibt jedoch auch eigenständige Grundlagenforschung. Sie formuliert Fragestellungen, z. B. zur effektiven Unterrichtsgestaltung. Sie etabliert eigene Forschungsmethoden, z. B. Analysesysteme für die Kommunikation zwischen Lehrkräften und Schülern. Sie entwickelt eigenständige Theorien zu Unterricht und Erziehung« (Preiser, S., 2009, 19 f.).

»Was sagt der Name einer Wissenschaft über ihren Gegenstand aus? Vieles, oft aber auch allzu vieles, wie sich am Beispiel der Pädagogischen Psychologie zeigen läßt. Vor allem im deutschsprachigen Bereich gibt es eine langweilige Periodik an- und abschwellender Debatten über das, was Pädagogische Psychologie ist oder sein sollte – eine Debatte, die eher auf die Zwangshaftigkeit der beteiligten Wissenschaftler verweist, als daß sie für die Fruchtbarkeit einer solchen normativen Fachdiskussion spricht. Immer wieder vertreten, aber gleichzeitig auch bestritten wird die These, die Pädagogische Psychologie sollte sich mit der Gewinnung, Sammlung und Vermittlung jener psychologischen Erkenntnisse befassen, die für theoretisch interessierte oder praktisch tätige Pädagogen von Nutzen sein könnten. »Purer Eklektizismus!« ruft ein Chor von Kritikern und will das Fach als systematische Anwendung psychologischer Themen und Theorien auf pädagogische Sachverhalte definiert wissen. »Zu allgemein«, mäkeln die einen und wollen Pädagogische Psychologie auf die Analyse des schulischen Lehrens und Lernens beschränken; »zu speziell« meinen die anderen und verlangen von dieser wissenschaftlichen Disziplin die Suche nach psychologischen Erkenntnissen zur Beschreibung, Erklärung, Vorhersage, Optimierung und Evaluation der institutionellen wie der außerinstitutionellen Sozialisations-, Erziehungs-, Unterrichts- und Instruktionsprozesse. Genug der vielfältigen Aufgabenbestimmungen und Definitionsprobleme für eine Disziplin, die theoretisch und praktisch immer dann am fruchtbarsten ist, wenn sie sich jenseits solcher Klassifikationsbemühungen mit interessanten Fragestellungen der Beeinflussung menschlicher Entwicklungs-, Lern- und Erkenntnisvorgänge beschäftigt« (Weinert, F. E., 1996, 85 f.).

»Die pädagogische Psychologie gehört zu den präparadigmatischen Disziplinen, die noch zu keinem stabilen Selbstverständnis gefunden haben; kennzeichnend ist die Häufigkeit metatheoretischer und programmatischer Diskussionen: Während die einen Öffnungen und Ausweitungen des Gegenstandsfeldes verlangen (z. B. Heckhausen 1986) und außerdem eine stärkere Orientierung an der Entwicklungspsychologie (Oerter 1986), plädieren andere für eine stärkere Fokussierung auf bestimmte Bereiche, wie vor allem die Lehr-Lern-Forschung (Weinert 1986).« (Städtler, Th., 1998, 764).

Literaturverzeichnis

I. Quellennachweise

Platon (1990). Politeia [Der Staat]. *Werke in acht Bänden, Bd. 4.* Übersetzung: F. Schhleiermacher, D. Kurz. Darmstadt: Wissenschaftliche Buchgesellschaft.

Platon (2004). Nomoi [Die Gesetze]. *Sämtliche Werke in drei Bänden. Bd. 3,* 215–663. Übersetzung: E. Eyth.. Darmstadt: Wissenschaftliche Buchgesellschaft.

Platon (1993). Phaidros. *Werke Bd. III/4.* Übersetzung: E. Heitsch. Göttingen: Vandenhoeck & Ruprecht.

Tertullian (1890 [198/203]). De baptismo [Über die Taufe]. In *Corpus Scriptorum Ecclesiasticorum Latinorum (CSEL), vol. 20:* Tertulliani opera pars I. Prag: Tempsky. Deutsche Übersetzung: O. Bardenhewer, Th. Schermann & K. Weymann (Hrsg.) (1912), Ausgewählte Schriften, Bd. 1, 274–299.

Locke, J. (1970 [1693]). *Gedanken über Erziehung.* Stuttgart: Reclam. Englisches Original: Some Thoughts on Education.

Rousseau, J. J. (1995 [1762]). *Emil oder über die Erziehung.* Paderborn: Schönigh. Französ. Original: Emile ou de l'education.

Tetens, J. N. (1777). *Philosophische Versuche über die menschliche Natur und ihre Entwicklung.* Bd. 2. Leipzig: Weidmanns Erben.

Herder, J. G. (1784/1791). Ideen zur Philosophie der Geschichte der Menschheit. *Herders Sämtliche Werke (SWS), XIII & XIV.* Reprint 1994.

Allgemeine Literatur-Zeitung. Ergänzungsblätter (1803). Revision der Literatur für die Jahre 1785–1800. Jena: ALZ-Verlag.

Tiedemann, D. (1897 [1787]). *Beobachtungen über die Entwickelung der Seelenfähigkeiten bei Kindern*. Reprint hrsg. von Ch. Ufer. Altenburg: Bonde.
Darwin, Ch. (1990 [1859]). *Die Entstehung der Arten durch natürliche Zuchtwahl*. Leipzig: Reclam. Englisches Original: On the Origin of Species by means of Natural Selection or the Preservation of Favoured Races in the Struggle of Life.
Haeckel, E. (1874). *Anthropogenie oder Entwicklungsgeschichte des Menschen*. Leipzig: Engelmann.
Hall, G. St. (1904). *Adolescence. Its Psychology and its Relation to Physiology, Anthropology, Sociology, Sex, Crime, Religion and Education*. New York: Appleton (Übersetzung: G. Eckardt).
Preyer, W. Th. (1989 [1882]). *Die Seele des Kindes*. Berlin: Deutscher Verlag der Wissenschaften. (Reprint 1. Auflage).
Preyer, W. Th. (1989 [1897]). Die Psychologie des Kindes. Vortrag auf dem Dritten Internationalen Congress für Psychologie in München 1896. In: *Reprint* (s. o.), 77–87.
Stern, C. & Stern, W. (1922 [1907]). *Die Kindersprache*. 3. Aufl., Leipzig: J. A. Barth.
Stern, W. (1914). *Psychologie der frühen Kindheit bis zum sechsten Lebensjahr*. Leipzig: Quelle & Meyer.
Binet, A. (1890). Apperception de longitudes et nombres chez enfants. In: Revue Philosophique, 30, 68–81. Deutschsprachiges Kurzreferat bei Bühler, K. (1922). *Die geistige Entwicklung des Kindes*. 3. Aufl., S. 199. Jena: Fischer.
Bühler, Ch. (1925). *Zwei Knabentagebücher. Mit einer Einleitung über die Bedeutung des Tagebuches für die Jugendpsychologie*. Jena: Fischer.
Werner, H. (1959 [1926]). *Einführung in die Entwicklungspsychologie*. 4. Aufl., Leipzig: Barth.
Freud, S. (1983 [1938]). Abriss der Psychoanalyse. *Gesammelte Werke, XVII*, 63–138. Frankfurt/Main: Fischer.
Adler, A. (2007 [1927]). Menschenkenntnis. *Alfred Adler Studienausgabe, Bd. 5*, 129–134. Göttingen: Vandenhoeck & Ruprecht.

Piaget, J. & Inhelder, B. (1986 [1966]). *Die Psychologie des Kindes*. München: Deutscher Taschenbuch Verlag.
Piaget, J. (1993). *Probleme der Entwicklungspsychologie*. Hamburg: Europäische Verlagsanstalt.
Wygotski, L. S. (1964). *Denken und Sprechen*. Berlin: Akademie-Verlag.
Bronfenbrenner, U. (1981). *Die Ökologie der menschlichen Entwicklung*. Stuttgart: Klett-Cotta. Amerikan. Original (1979): The Eology of Human Development. Experiments by Nature and Design.
Silbereisen, R. K. (1996). Was wird aus der Entwicklungspsychologie? In: PVU-Team (Hrsg.), *Perspektiven der Psychologie. Eine Standortbestimmung*. S. 29–41. Weinheim: Beltz/PVU.
Rutter, M. (2002). Nature, Nurture and Development. *Child Psychology 73*, 1–21 (Übersetzung: G. Eckardt).
Parke, R. D. (2004). The Society for Research in Child Development. *Child Psychology, 75*, 1–22 (Übersetzung: G. Eckardt).
Rein, W. (1893). *Pädagogik im Grundriß*. 2. Aufl., Stuttgart: Göschen.
Meumann, E. (1911). *Vorlesungen zur Einführung in die Experimentelle Pädagogik und ihre psychologischen Grundlagen*. 2. Aufl., Bd. 1. Leipzig: Engelmann.
Fischer, A. (1917). Über Begriff und Aufgabe der pädagogischen Psychologie. *Zeitschrift für Pädagogische Psychologie und experimentelle Pädagogik, 18*, 5–13 und 109–118.
Lewin, K. (2009 [1938]). Experimente über autokratische und demokratische Atmosphären. *Gestalt Theory, 31 (3/4)*. 365–372. Amerikan. Original: Experiments on Autocratic and democratic atmospheres. Social Frontier, 4 (37). Übersetzung: H. E. Lück.
Skinner, B. F. (1967 [1954]). Die Wissenschaft vom Lernen und die Kunst des Lehrens. In: Weinert, F. E. (Hrsg.), *Pädagogische Psychologie*, 247–258. Köln: Kiepenheuer & Witsch. Amerikan. Original: The science of learning and the art of teaching. Harvard Educational Review. 24, 86–97. Übersetzung: I. Schüßler.
Tausch, R. & Tausch, A. (1991 [1963]). *Erziehungspsychologie*. 10. Aufl., Göttingen: Hogrefe.

Weinert, F. E. (1989 [1974]). Einführung in das Problemgebiet der Pädagogischen Psychologie. In: F. E. Weinert, C. F. Graumann et al. (Hrsg.), *Funkkolleg Pädagogische Psychologie*, 1, 29–63. Frankfurt/Main: Fischer.

Weinert, F. E. (1996). 100 Jahre Pädagogische Psychologie. Eine Wissenschaft auf der permanent erfolgreichen Suche nach ihrem Gegenstand – ohne ihn bisher gefunden zu haben. In: PVU-Team (Hrsg.), *Perspektiven der Psychologie. Eine Standortbestimmung*. S. 98 f. Weinheim: Beltz/PVU.

Preiser, S. (2009). *Pädagogische Psychologie*. 2. Aufl., Weinheim & München: Juventa.

Städtler, Th. (1998). *Lexikon der Psychologie*. Stichwort Pädagogische Psychologie. S. 764. Stuttgart: Kröner.

II. Sekundärliteratur

Anastasi, A. (1958). Heredity, environment, and the question ›How?‹. *Psychologigal Review*, 65, 197–208.

Ballauff, Th. & Schaller, K. (1970). *Pädagogik. Eine Geschichte der Bildung und Erziehung*. Bd. 2. Freiburg & München: Alber.

Baltes, P. B. (1983). Life-Span Developmental Psychology: Observations on History and Theory Revisited. In: L. M. Lerner (ed.), *Developmental Psychology: Historical and philosophical perspectives*, pp. 79–111. Hillsdale/N.J.: Erlbaum.

Bronfenbrenner, U. (1985). Foreword. In: G. Eckardt, W. G. Bringmann & L. Sprung (eds.), *Contributions to a History of Developmental Psychology*. pp.1–3. Berlin & New York: Mouton.

Eckardt, G. (2010). *Kernprobleme in der Geschichte der Psychologie*. Wiesbaden: Verlag für Sozialwissenschaften.

Krapp, A. & Weidemann, B. (Hrsg.) (2006). *Pädagogische Psychologie*. 5. Aufl., Weinheim: Beltz/PVU.

Lück, H. E. (2009). *Geschichte der Psychologie. Strömungen, Schulen, Entwicklungen*. 4. Aufl., Stuttgart: Kohlhammer.

Oerter, R. & Montada, L. (Hrsg.) (2008). *Entwicklungspsychologie*. 6. Aufl., Weinheim: Beltz/PVU.

Rath, M. & Brugger, B. (1990). Geschichte der Pädagogischen Psychologie. In: E. G. Wehner (Hrsg.). *Geschichte der Psychologie*. S. 162–187. Darmstadt: Wissenschaftliche Buchgesellschaft.

Reinert, G. (1976). Grundzüge einer Geschichte der Human-Entwicklungspsychologie. In: H. Balmer (Hrsg.), *Die Psychologie des 20. Jahrhunderts, Bd. 1*, 862–896. Zürich: Kindler.

Schönpflug, W. (2000). *Geschichte und Systematik der Psychologie*. Weinheim: Beltz/PVU.

Spaemann, R. (1992). *Rousseau-Bürger ohne Vaterland*. München & Zürich: Piper.

Sprung, L. & H. (2010). *Eine kurze Geschichte der Psychologie und ihrer Methoden*. München und Wien: Profil.

Sulloway, F. (1997). *Der Rebell in der Familie. Geschwisterrivalität, kreatives Denken und Geschichte.* Berlin: Siedler.
Weinert, F. E. (Hrsg.) (1967). *Pädagogische Psychologie.* Köln: Kiepenhauer & Witsch.
Weinert, F. E. (1981). Geschichte der pädagogischen Psychologie. In: H. Schiefele & Krapp (Hrsg.). *Handlexikon zur Pädagogischen Psychologie.* S. 443–449. München: Ehrenwirth.
Weinert, F. E., Graumann, C. F. et al. (Hrsg.) (1989). *Funkkolleg Pädagogische Psychologie.* Frankfurt/Main: Fischer Taschenbuch.
Wertheimer, Mich. (1971). *Kurze Geschichte der Psychologie.* München: Piper.
Windelband, W. & Heimsoeth, H. (1957). *Lehrbuch der Geschichte der Philosophie.* 15. Aufl., Tübingen: Mohr.
Zimbardo, P. G. & Gerig, R. J. (2003). *Psychologie.* 7. Aufl., Berlin: Springer.

The manufacturer's authorised representative in the EU is Springer Nature Customer Service Centre GmbH, Europaplatz 3, 69115 Heidelberg, Germany. If you have any concerns regarding our products, please contact ProductSafety@springernature.com

Printed and bound by CPI Group (UK) Ltd, Croydon, CR0 4YY
25/03/2026
02078189-0009